ゴールデンゲートブリッジをくぐり、湾奥のサンフランシスコを目指す飛鳥Ⅱ。

堂食等壹

さらなる
最幸の時間は
飛鳥Ⅲから。

「太平洋の女王」とうたわれた浅間丸
世界の旅人を魅了した
その壮麗な施設と細やかなサービスは
文化として引き継がれ
まもなく出会える飛鳥Ⅲにも

期待を超えた最幸の時間は
来たる2025年から始まります。

1928年、そののち太平洋の女王と呼ばれる浅間丸就航時のパンフレット。贅を尽くしたダイニング（写真上）では伝統的なフランス料理だけではなく和食や中華も楽しむことができ、とりわけ評判を呼んだという。その細やかなサービスに世界の旅人も注目し、海外での販売も好調だったと聞く。

協力：日本郵船歴史博物館

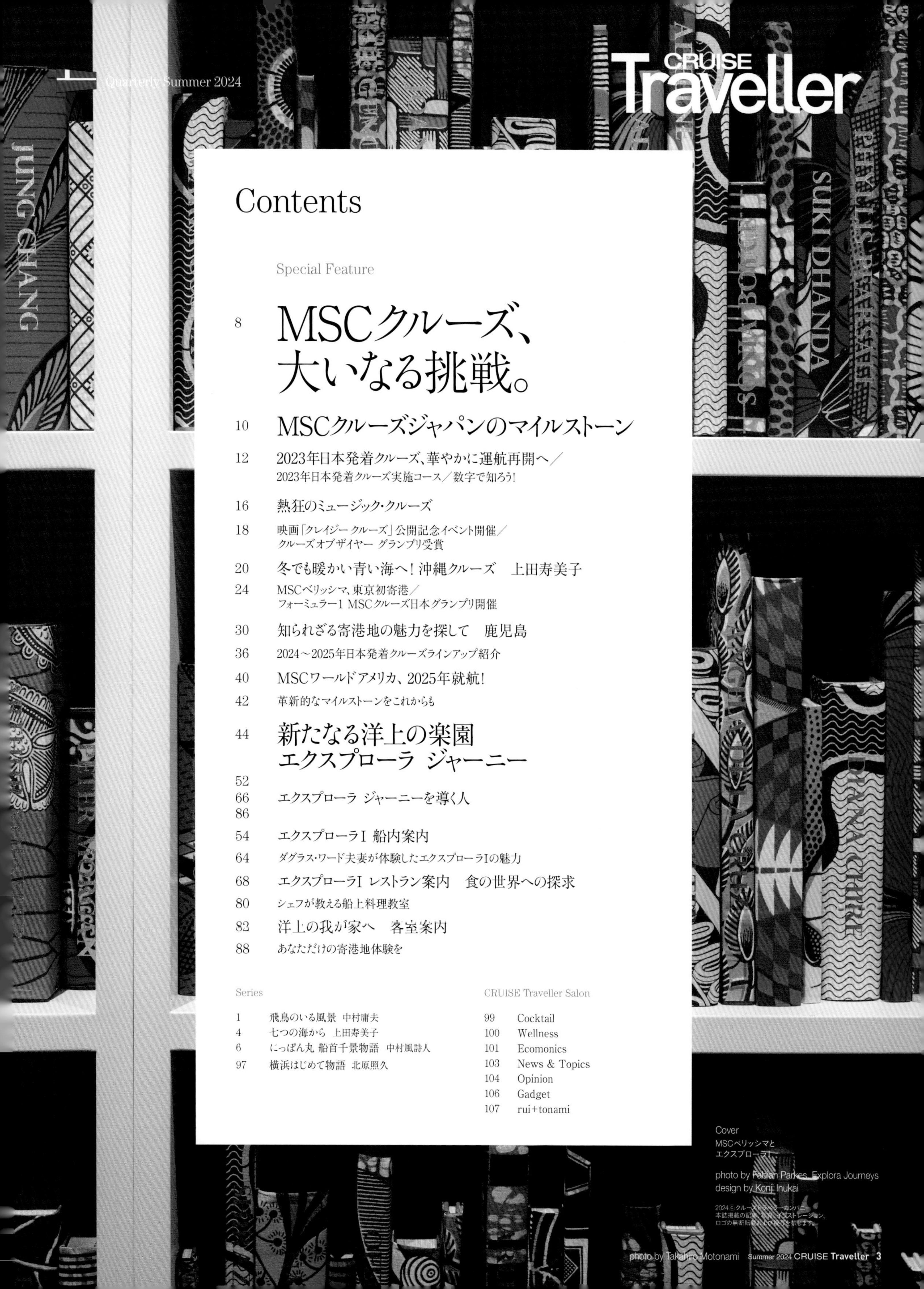

CRUISE Traveller

Contents

Cover
MSCベリッシマと
エクスプローラI

photo by Fabian Parkes, Explora Journeys
design by Konji Inukai

2024 © クルーズトラベラーカンパニー
本誌掲載の記事、写真、イラストレーション、
ロゴの無断転載および複写を禁じます

SEABOURN ODYSSEY

ミツイオーシャンフジとなる
シーボーンオデッセイの思い出

うえだ・すみこ
―――
クルーズジャーナリスト。
外国客船の命名式に日本代表として
招かれるなど世界的に活動、講演も行う。
『マツコの知らない世界』(TBSテレビ)に
出演し好評。
著書に『上田寿美子のクルーズ！万才』など。
日本外国特派員協会会員、
日本旅行作家協会会員。

シーボーンオデッセイ
(2024年12月よりミツイオーシャンフジ)
―――
総トン数：32,477トン
シーボーンクルーズライン https://www.seabourn.com
MITSUI OCEAN CRUISES https://mol-cruises.jp

　2011年3月30日。私は成田空港から不安な気持ちで日本を後にしました。3月11日に起きた東日本大震災の被害は甚大で、今後、日本はどうなるのか？ 全く解のない状況でヨーロッパへ客船取材に出たのです。搭乗した欧州系の航空会社は、日本を忌み嫌うように、外地から乗ってきた乗組員は1歩も機外に出ることなく機内に座ったまま乗客を迎え、機内食は日本では入れず、仁川空港で搬入。このような現実に、さらに不安が募りました。

　翌日、リスボンに到着。港で待っていたのはシーボーンクルーズラインの客船シーボーンオデッセイでした。驚いたのは乗船初日に船長インタビューが行われたこと。

あまりの速さに「何か言われるのだろうか」とびくびくしながら船長室へ入っていきました。迎えてくれたラーセン船長は「シーボーンオデッセイへようこそ！ 日本は大変な地震に遭われ心よりお見舞い致します。ご家族や、お家の被害は大丈夫ですか？」と言いながら私に椅子をすすめてくれました。そして、自分のパソコンを開けると「面白いものをお見せしましょう」とグーグルマップを出し、どんどん北欧部分を拡大。そして、ノルウェーの町の一角にある丸印を指し、「ここが私の家です。場所が分かったのであなたは来ることができます。私と家族はいつでもスミコの訪問を大歓迎します」と言ってくれたのです。不安定な心をこの言葉がどれだけ力づけてくれたか、今でもはっきりと覚えています。

　それから始まった船上生活は、多くの乗客や乗組員の優しさに包まれました。昼のゴルフのパット

大会で優勝したら、夜のショーの前にわざわざ表彰してくれたり、バンドが「この会場にスミコは来てますか?」「ハイ来てます」と手を挙げると演奏を始めたり、ラインダンスを踊りながらみんなが私の名前を連呼したり。あまりのことに乗客たちから「今度この会社から新造船が出たら、きっとシーボーンスミコになるよ」と言われ、大笑いしたこともありました。そして何よりも大勢の人の寄り添いがありがたく、まさに忘れられないクルーズとなったのでした。

　同社の客船に乗ったのは3回目でしたが、王道のラグジュアリークルーズであることも再認識しました。乗船時の乗組員のウエルカムライン。シャンパーニュも含むフリードリンクはもちろんのこと、追加料金なしで、毎夕部屋にキャビアを届けてもらうことも可能。当時は、キャビアサービスがラグジュアリー度の判断基準でもありました。夕食が終わり部屋に戻れば、1輪の赤いバラと

1_リスボンの4月25日橋をくぐり
地中海クルーズの開始。
2_スペインのアリカンテで。
眼下にはシーボーンオデッセイ。

メッセージが届いていたことも。天気の良い日は、プールサイドを日焼け止めを持ったスタッフが巡回し、希望客には塗ってくれるサービスもありました。そして、陽光を取り入れた船内は明るく輝いていました。

　そんな、シーボーンオデッセイが商船三井クルーズからミツイオーシャンフジとして再デビューすると聞き、心からうれしい思いです。日本の客船の灯をともし続けた商船三井と世界有数のラグジュアリークルーズライン出身のシーボーンオデッセイの共演が、きっと日本に新しく素敵なクルーズをもたらしてくれることでしょう。

3_ブリッジ訪問。
ラーセン船長の解説を聞く。
4_部屋に帰ると
深紅のバラが届いていた夜も。
5_ルームサービスのキャビアと
シャンパンで一層優雅な気分。
6_明るい船内。
らせん階段を上からのぞいてみた。
7_ナポレオンの生誕地
コルシカ島で楽団のお出迎え。
8_船上のパターゴルフコースでは
大会が開かれたことも。

船首千景物語

にっぽん丸

Vol.33

photo & text by
Kazashito Nakamura

渡り鳥の行方

　　大空に舞う鳥を見上げて、憧れにも似た思いを抱いたことがある。自由を感じたのか、希望を願ったのか。誰しも一度はそんな経験をしたことがあるのではないかと思う。だが、これが大空ではなく、大海原を駆ける渡り鳥を見た時に抱く思いは少し違う。渡り鳥達は、それぞれの理由を持って飛び続けている。羽ばたいているその姿は、目的地まで続く旅の途上なのだ。それはむしろ、自由とは真逆の感覚なのではなかろうか。

　　この日、にっぽん丸は太平洋を南下していた。いつからだろう、船首では鳥達が羽を休めていた。時折向かい風を嫌がる仕草を見せながら、毛繕いを怠らない。果たして彼らの行き先と、にっぽん丸の次の寄港地は同じ方角なのだろうか。夕日が水平線に沈み、すっかり夜になった。鳥達は1羽も欠けることなく、まだ留まっていた。

中村風詩人（なかむら・かざしと）｜ 1983年生まれ、海をライフワークとする写真家。世界一周クルーズをはじめ、南太平洋一周、アジア一周など長期乗船も多い。船上では写真講演や寄港地でのフォトツアーなども行う。代表作は、7つの海を水平線でひとつにした写真集『ONE OCEAN』（クルーズトラベラーカンパニー発行）、近著に『小笠原のすべて』（JTBパブリッシング発行）。

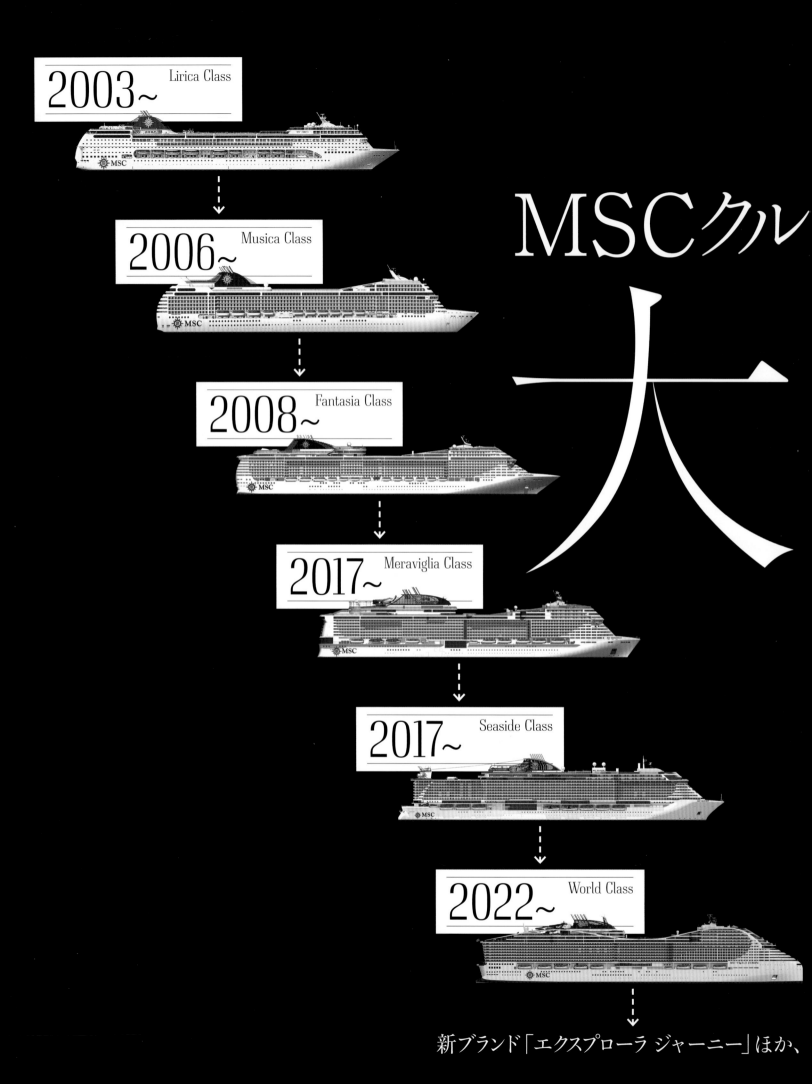

2003~ Lirica Class

2006~ Musica Class

2008~ Fantasia Class

2017~ Meraviglia Class

2017~ Seaside Class

2022~ World Class

MSCクル

大

新ブランド「エクスプローラ ジャーニー」ほか、

MSCクルーズが独自の客船を建造、
デビューさせたのは2003年からのリリカクラスから。
その後の進化は目覚ましい。ムジカクラス、ファンタジアクラス、
メラビリアクラス、シーサイドクラス、ワールドクラスと
次々と革新的なクラスを発表。とどまることのない彼らの大いなる挑戦を、
MSCベリッシマによる日本発着クルーズと、
新ブランドエクスプローラ ジャーニーに着目しつつ探る。

ーズ、
いなる
挑戦。

革新的な取り組みで世界をリード。

timetable

Apr.27,2023
Kick Off Party of Japan Cruises

運航再開パーティー

———

Apr.29,2023
2023 Japan Cruises

2023年日本発着クルーズ

———

Jul.15,2023
Far East Reggae Cruise

ミュージッククルーズ

———

Nov.13,2023
Crazy Cruise

クレイジークルーズ先行記者会見

———

Dec.22,2023
Cruise of the Year 2023

クルーズ・オブ・ザ・イヤー2023受賞

———

Jan.13,2023
Winter Okinawa Cruises

冬の沖縄クルーズ開始

———

Mar.12,2024
The first arrival at the Port of Tokyo

東京港初入港

———

Apr.7,2024
Formula 1 MSC Cruises Grand Prix

フォーミュラー1 MSCクルーズグランプリ

———

Apr.29,2024
2024 Japan Cruises

2024年日本発着クルーズ

12 month
Milestones
of
MSC Cruises

MSCクルーズジャパンのマイルストーン

Japan

2023年は運航再開を皮切りに、
年末にはクルーズオブザイヤーを受賞。
MSCクルーズジャパンにとって
称えるべきマイルストーンの年となった。
その軌跡を振り返ってみよう。

Kick Off Party of Japan Cruises

2023年日本発着クルーズ、華やかに運航再開へ

photo by Takahiro Motonami, Mari Hirose

LED ドームには映し出された
MSCクルーズジャパン15周年を記念するスクリーン。

待望のMSCベリッシマが2023年4月26日、横浜に初入港。翌27日には記念式典が催され、日本入港記念とMSCクルーズジャパンの15周年が同時に祝われた。記念式典にはCEOジャンニ・オノラート氏も出席し、日本でのクルーズ再開の喜びを伝えた。ゲストたちはプロムナードやLEDドームを歩きながら船内の美しさに感激。

地中海スタイルのランチレセプションやバラエティにあふれる国際色豊かなダイニングの試食会、和太鼓を中心に熱いパフォーマンスを繰り広げるDRUM TAOによるスペシャルステージなどが開かれた。MSCクルーズジャパンの全員がステージに登壇し、華やかなパーティーを締めくくった。

1｜MSCクルーズジャパンの全員がステージに登壇。CEOのジャンニ・オノラート氏も挨拶。

2｜記者会見で挨拶するMSCクルーズジャパン代表取締役社長のオリビエロ・モレリ氏。

3｜DRUM TAOによる和太鼓を軸に三味線、篠笛、箏などを組み合わせたスペシャルステージ。

1

2

3

Apr.29,
2023

2023年日本発着クルーズ実施コース

MSCベリッシマで巡る周遊の船旅がスタート

2023年4月から日本発着クルーズ開始、
6月からは自主クルーズも。
2023年の春〜秋は横浜を拠点に
西日本や遠くは沖縄、台湾までクルーズを実施し、
クルーズ初心者からリピーターまで好評だった。

itinerary

June 12, 2023
2023年6月12日発
西日本・韓国満喫クルーズ 8泊9日
横浜〜神戸〜広島〜済州島(韓国)〜鹿児島〜横浜

July 20, 2023
2023年7月20日発
台湾・那覇 南西諸島クルーズ 6泊7日
横浜〜基隆(台湾)〜那覇〜横浜

July 27, 2023
2023年7月27日発
済州島・九州満喫クルーズ 6泊7日
横浜〜済州島(韓国)〜博多〜八代〜横浜

August 16, 2023
2023 年8月16日発
熊野花火と日本一周 9泊10日
横浜〜熊野〜鹿児島〜釜山(韓国)〜金沢〜函館〜横浜

September 12, 2023
2023 年9月12日発
西日本・韓国満喫クルーズ8泊9日
横浜〜神戸〜広島〜済州島(韓国)〜鹿児島〜横浜

September 20, 2023
2023 年9月20日発
西日本・韓国満喫クルーズ 9泊10日
横浜〜別府〜下関〜釜山(韓国)〜八代〜鹿児島〜横浜

November 13, 2023
2023 年11月13日発
冬の日本一周、韓国満喫クルーズ 10泊11日
横浜〜神戸〜鹿児島〜釜山(韓国)〜博多〜金沢〜函館〜石巻 〜横浜

数字で知ろう！

2023年のMSC日本発着クルーズ

2023年、日本近海を周遊した
MSCベリッシマが
公開した距離は90,000km以上。
日本発着のスケールを知るために、
MSCベリッシマにまつわる
さまざまな数字を調査。

110,000

2023年の総旅客数

110,000人以上

29

2023年に訪問した
港の数

29港

90,000

2023年の日本での
旅程における総移動距離

90,000km以上

150
160
1,590

2023年に関わった
スタッフの数

クルー1,590名、
陸上スタッフ150名／
160名

100,000

2023年に購入した
ハンバーガーの数

100,000個以上

80,000

2023年に購入した
ワインとシャンパンのボトル総数

80,000本以上

20,000

2023年に購入した
コーヒーの量

約20,000ポンド以上

15,000

2023年に購入した
牛乳の量

約15,000ガロン以上

150

2023年に実施された
イベント・プログラムの数

1クルーズ当たり少なくとも5種類、
合計150以上のイベントを
船内で開催

Jul.15,
2023

熱狂のミュージック・クルーズ

photo by MIGHTY CROWN ENTERTAINMEN

1

2

3

画期的なミュージック・クルーズが2023年7月、熱気いっぱいに開催！レゲエのアイコンとして世界でも活躍してきた MIGHTY CROWN（マイティー・クラウン）が MSC ベリッシマをチャーターし、「ファー・イースト・レゲエ・クルーズ」を開催した。今までになかった洋上のフェスともいえるユニークな試みであり、30年以上にわたる MIGHTY CROWN の活動休止前、最高のシーンとなった。船内では毎晩のライブとともにレゲエ音楽文化を満喫。ある夜は、ガレリアでオールホワイト・パーティー。ゲストたちは思い思いの真っ白な服でお洒落して、ダンスを楽しんだ。若いクルーズ初心者層も多く参加し、新しい可能性を感じさせるクルーズとなった。

4

1,2,3 ｜ プールサイドに特設ステージが設けられ、夕方から深夜近くまでアーティストショーで盛り上がった。

4 ｜ 6デッキのガレリアがライブハウスに変身。MIGHTY CROWNもゲストも白のドレスコードで、オールホワイト・パーティーで熱狂した。

（上）プールで思い思いに夏のクルーズを楽しんだ。（下）
MIGHTY CROWNがプールサイドでのライブを盛り上げ
る。

Nov.13,
2023

Netflix映画『クレイジークルーズ』配信記念イベント開催

カルーセルラウンジでの軽快なトークでファンをわかせる出演者たち。

2023年11月、MSC ベリッシマを舞台とした映画が配信された。吉沢亮演じるバトラーがエーゲ海に向かう船上で繰り広げられるミステリーの解明に乗り出すが……。共演の宮﨑あおいとのロマンスも見どころの映画配信記念イベントが11月13日に停泊中の MSC ベリッシマ船上で開催された。この日、招かれた多くのファンは MSC ベリッシマのきらびやかな船内の雰囲気を満喫した後、イベントを楽しんだ。

映画『クレイジークルーズ』

Netflixにて世界独占配信中

NETFLIX 映画

脚本 坂元裕二　第76回カンヌ国際映画祭 脚本賞受賞

クレイジークルーズ

NETFLIX | 独占配信中

Dec.22, 2023

Grand Prix Award

クルーズオブザイヤー グランプリ受賞

「長年の積み上げがこの日に結実」と喜ぶ
MSCクルーズジャパンのオリビエロ氏(右二番目)。

優れたクルーズ商品を顕彰するクルーズオブザイヤー。2023年のグランプリは、8カ月間にわたり日本に配船、乗客数はチャータークルーズと合わせ10万人を超えたこと、新しい販売チャンネルの構築などで新しいマーケットを切り開いた点が評価されたMSCベリッシマが受賞。授賞式ではグランプリに付与される「国土交通大臣賞」を國場副大臣(写真左・左から二番目)から、主催する日本外航客船協会の遠藤会長(左端)から、それぞれ記念品を授与された。

Jan.13, 2024~

冬でも暖かい青い海へ！ 沖縄クルーズ

text by Sumiko Ueda, photo by Hideo Ueda

2月でも海水浴が楽しめるパイナガマビーチ。青い海と客船が織りなす風景はカリブ海のよう。

1

2

3

4

1 ｜ 來間島にある絶景ポイントの一つ、竜宮城展望台。

2 ｜ 優秀なバトラーの存在も快適なクルーズの強い味方。

3 ｜ 宮古島の東南端にそびえる平安名埼（へんなざき）灯台。

4 ｜ 昼から多くの屋台が開いていた廟口夜市。台湾のローカルフードに舌鼓。

厳冬の東京を抜け出し、飛行機に乗り沖縄へ。那覇港からMSCベリッシマに乗れば、寒さも忘れる南の島めぐりクルーズの開始です。最初の訪問地は宮古島。パイナガマビーチへ行くと、白砂のビーチに青い海。水着になって海水浴を楽しむ人々の向こうにMSCベリッシマが佇み、その光景は、まるでカリブ海クルーズ！この瞬間、MSCベリッシマが日本における新感覚の「避寒クルーズ」を実現したことを実感しました。

次の寄港地、台湾の基隆では、港から徒歩で行ける廟口夜市へ。夜市とはいえ午前10時頃には多くの屋台が開店していたので、船の乗客には便利です。今回はイカスープと炒麺、豆花のスイーツなどを食べ歩き、その後夜市を離れ、創業百年以上の老舗「李鵠餅店」で長蛇の列に並び、名菓パイナップルケーキをゲット。そして、カラスミ（烏魚子）を探しに魚市場まで足を延ばし、4百グラム以上ある極上のカラスミも購入。帰国後、日本酒と共にねっとりと広がる魚卵の滋味を堪能しました。

石垣島では、日本最南端の石垣島鍾乳洞で地底探検！ 20万年もの時を経た鍾乳石の天然美は見ごたえ十分。やいま村ではリスザルや冠ワシにも対面。青く澄んだ川平湾の風景にも感動！ 冬とはいえ温暖な南の島々は、体もほぐれる別天地でした。

1

2

3

4

5

MSCベリシマは、バラエティ豊かで、活気の良い船上生活も魅力的。「ロンドンシアター」の歌と踊りの華麗なショー。円形劇場「カルーセルラウンジ」の曲芸と物語を組み合わせたような神秘的なショー。趣の異なる演目が船の夜を飾ります。

船上のプロムナードで開催された「ホワイトパーティー」「スペースパーティー」などは、言葉の壁を越えて楽しめる乗客参加型イベント。毎晩数百名の人々がダンスやゲームに興じる姿は元気いっぱいでした。

多彩なスペシャリティレストランから今回は昼食にブッチャーズカットを訪問。優雅な雰囲気で食べるエビのカクテルやフィレステーキの豪華ランチ。メキシコ料理「オラ！ タコス＆カンティーナ」では、エンチラーダとテキーラで、陽気なディナーを。クルーズ全体を包み込む親切で積極的なサービスにも大満足。各バーでタイミングよく注文でき、きちんとしたクオリティーのカクテルが飲めるのはうれしいこと。中には、前日の注文まで覚えていてくれるバーウエイターも。MSCヨットクラブのバトラーは、毎日念入りにこちらの要望を聞き取り、レストランや劇場までエスコートしてくれる至れり尽くせりのサービスでした。MSCベリッシマは今年も11月から那覇発着を再開！ 楽しく豪快な南の島クルーズはいかがですか。

1 ｜ ホワイトナイト。部屋に帰ると白いタオル細工の動物たち。白鳥、猿、像など白い動物園のよう。

2 ｜ ロンドンシアターのダイナミックなショータイムは船の花形。

3 ｜ ブッチャーズカットのステーキ。ジューシーで食べ応え十分。

4 ｜ イタリアンナイト。ウエイターもイタリア国旗のカラーでお出迎え。

5 ｜ MSCヨットクラブレストランでディナー。行き届いたサービスが魅力。

6

7

6 ｜ 屋外にある広々としたアトモスフィアプール。冬なの
に泳げる心地よさ。

7 ｜ 見晴らしの良いMSCヨットクラブレストラン。眺望も
御馳走のうち。

Mar.12,
2024

MSCベリッシマ、東京初寄港

photo by
Fabian Parks
オーストラリア・アデレード出身のフォトグラファー兼シネマトグラファー。 シドニーで写真を学んだ後、ファッションとポートレート写真を中心に活動し、2009年から拠点を東京に移す。2015年にビデオ制作もスタート。 被写体の個性とディテールに対する鋭く温たかい観察眼を持ちながら、視覚的イメージによるストーリーテリングを追求している。

日本クルーズの発着港として、ついに首都東京に寄港したMSCベリッシマ。

小池百合子
東京都知事からの
メッセージ

まだ薄暗い2024年3月12日の早朝、浦賀水道を抜けて東京湾に入ったMSCベリッシマの白い船体が東京国際クルーズターミナルに姿を現した。船はゆっくりと湾の奥に進み、ターミナルの前でゆったりと旋回、やがてベリッシマは左舷を着岸。日本クルーズを実施する最大のクルーズ客船が、今まさに首都の海の玄関口に初めて寄港した瞬間。ほどなく、歓迎の和太鼓が鳴り響き、MSCベリッシマを温かく、力強く、迎え入れた。

観光都市、東京を拠点に選んだMSCベリッシマによる日本周遊クルーズ。2024年は春、そして秋と複数回にわたって東京の新しいターミナルを利用する。そのたびに、乗船時の期待に膨らんだ笑顔、下船時の旅を満喫した笑顔、双方向のゲストたちが織り成す多くの笑顔による幸せな雰囲気が、この新しい東京国際クルーズターミナルを満たすはずだ。

1 ｜ 早朝、東京港に姿を現したMSCベリッシマの雄姿。

2 ｜ 船内では東京都東京港管理事務所長の菊田裕司氏をはじめ関係者が登壇したセレモニーが。

3 ｜ 東京ポートレディ手塚優子さんより船長に花束も贈呈された。

4 ｜ さらに東京都から贈呈された記念品の数々。

「MSCベリッシマ」の東京港への寄港を、光栄に思います。乗客定員5000名以上を有し17万トンを超える圧倒的な威容と、船名の「ベリッシマ」が示すとおりの美しさに感銘を受けています。

東京は、世界からお越しになる皆様を、心より歓迎申し上げます。ここは、400年前の江戸時代から続く伝統と最先端の革新が共存する、世界的にもユニークな都市です。歴史、食、テクノロジー、サブカルチャーなど、東京ならではの多彩な体験ができます。世界中を巡ってきた皆様にも、安らぎや驚き、興奮や感動をお届けし、心豊かなひとときを過ごしていただけることでしょう。

一度の訪問では味わいきれないほどの魅力が、東京には詰まっています。観光地へのアクセスに優れたこのターミナルを、皆様、ぜひ何度もご利用ください。そして、訪れるたびに魅力を増す東京の素晴らしさを、目いっぱい堪能していただきたいと思います。

People

1

新しいターミナル完成を機に
東京の、日本の海の玄関口としての
発展を目指す。

2020年にオープンした首都の新たな海の玄関口、
東京国際クルーズターミナル。国際観光都市として世界から
注目される東京港に2024年3月12日、MSCベリッシマが寄港。
新しいターミナルの現状と今後について、
東京都港湾局長の松川桂子氏に話を聞く。

東京都 港湾局長
松川桂子

interview
by Masatsugu Mogi
photo
by Chiyoshi Sugahara

**東京国際ターミナル、オープンからの
実績はどのように
推移していますでしょうか?**

ターミナルの入港実績ですが、新型コロナウ
イルス感染症の感染拡大による水際対策の影
響などにより、令和2年9月の開業からしばらく
の間、多くの予約がキャンセルとなったため、
令和4年末までの2年4カ月間の入港実績は19
回に止まりました。その後、水際対策が緩和さ
れ、昨年3月に我が国への国際クルーズが再開
され、それ以降は、外国籍船の入港により実績
は大きく増加しております。令和5年の入港実績
は49回となっており、コロナ禍前の令和元年の
入港実績36回を上回っています。

ターミナルの魅力、利点をお聞きします。

まず、建物の外観ですが、日本の伝統的な
「屋根のそり」を取り入れたデザインで、陸側は
お客様を迎えるために、岸壁側は船を迎えるた
めに反った特徴的な意匠となっています。4階岸
壁側の送迎デッキは、一般の方も利用でき、船
を近くで見ていただけます。建物内は吹き抜け
で開放感があり、「明るさがいいですね」とよく
言われます。加えて3階と4階に東京の木材、
多摩産木材の椅子を置いています。2階と3階
が税関・出入国・検疫エリア、様々な大きさの
クルーズ客船に対応できるよう、船のタイプに合

5

わせて自由にレイアウト変更できるようになっています。また、東京都は環境面にも積極的に取り組んでおりまして、太陽光発電装置も設置しています。立地は、最寄りの「ゆりかもめ　東京国際クルーズターミナル」駅の改札からターミナルに入るまで徒歩約8分、台場や新橋・銀座にも出やすく、利便性の高さも魅力の一つです。また、寄港に際しては、ターミナルからりんかい線東京テレポート駅などへのシャトルバスも運行しています。

ベリッシマ寄港にあたり、その期待値をお聞きします。

MSCベリッシマは、乗客定員 5,000名以上を有し、これまで東京港に寄港した客船としては史上最大のクルーズ客船です。船内には6つのスワロフスキー階段があり、その名のとおり美しさを示すとともに、船内のプールやアトラクショ

ン施設、世界中のさまざまな料理が楽しめるレストラン施設の数も充実しており、子供から大人まで幅広い世代の方に楽しんでいただけるのも魅力のひとつと聞いています。そのようなMSCベリッシマが、2024年3月12日に東京国際クルーズターミナルへ初入港し、その存在感を示しました。今年の秋以降も、東京港への寄港が予定されており、都としても心待ちにしています。

その他、港湾局としてクルーズ誘致に向けた取り組みをお話しください。

現在の東京国際クルーズターミナルでは、館内のレイアウトはもちろん、ツアーバスへの誘導など、船ごとにきめ細かい受入体制を計画し、さまざまなクルーズ客船に選んでいただける港となるよう努力を重ねています。また、東京港では、東京国際クルーズターミナルの第2バースの整備を計画していますが、当面の対応として、旧晴海客船ターミナルの跡地に新たな客船受入施設を建設中で、2バース体制を確保することとしております。晴海ふ頭の新たな客船受入施設の完成により、東京国際クルーズターミナルに大型船が寄港している時においても、レインボーブリッジを通過可能な中小型船が安定して寄港できる環境が整備され、東京港への寄港ニーズに確実に対応していくことが可能となり、より多くのクルーズ客船をお迎えできることを大きく期待しています。

1 ｜ 同地からは晴れた夕暮れ、富士山を望むこともできる。

2 ｜ 船主上空には旅客機。羽田空港にほど近いことを物語るシーン。

3 ｜ 新しく追加されたネオンサイン越しに船体を望む。

4 ｜ 着岸後、歓迎の和太鼓の音色が力強くターミナルに響き渡る。

5 ｜ 今後のクルーズ振興策について、マップを背に話す松川氏。

フォーミュラ 1 MSCクルーズ日本グランプリ開催

1

2

3

1 ｜ タイトルスポンサーが記されたボードの前に置かれる優勝トロフィー。

2 ｜ トロフィーを手に登壇したオリビエロ氏。

3 ｜ エンポリウムでウィナーのマックス・フェルスタッペンを祝福する同氏。

4 ｜ 春開催となり満開の桜が世界からも集うゲストを大いにもてなした。

5 ｜ 2位入賞のセルジオ・ペレス（左）、3位入賞のカルロス・サインツと共に登壇したマックス・フェルスタッペン。

photo by TOKYO WEEKENDER MAGAZINE

4

例年の秋から春の開催となったフォーミュラ1日本グランプリ。記念すべき年のグランプリはタイトルスポンサーとなる「MSCクルーズ日本グランプリ」として4月7日に開催された。MSCクルーズとフォーミュラ1は2022年のバーレングランプリよりグローバルパートナー契約を締結。これは持続可能性をテーマに活動するフォーミュラ1に投資することで、MSCクルーズ社の次世代技術、海上技術と環境技術の開発とその適応に向けた研究を加速するためという側面も持つという。

　決勝当日の鈴鹿サーキットでは、MSCクルーズのロゴが掲示されるなかを20台のレースマシンが疾走、ファンの興奮を呼ぶ。結果はマックス・フェルスタッペン（レッドブル）がスタートから安定した走りを披露し、トップでチェッカーフラッグを受けた。エンポリウムに登壇したMSCクルーズジャパンのオリビエロ氏からトロフィーが手渡されMSCクルーズ日本グランプリは華やかに幕を閉じた。

5

2023年のエミリア・ロマーニャグラン
プリでMSCクルーズのサインボードの
下を快走するフェラーリのマシン。

photo by COLOMBO IMAGES

知られざる
寄港地の
魅力を探して in KAGOSHIMA

photo & text by Taku Tanji

鹿児島

日本全国の寄港地を訪ね、新たな魅力を開拓し続けるMSCクルーズジャパン。2024年初夏、長崎、石垣島・那覇に続いて3回目となる鹿児島県の同行取材に誘われた。出発時には、鹿児島を選んだ真の理由を知ることはなかったのだが——。鹿児島市を拠点に、錦江湾北側の霧島市や薩摩半島西側の日置市を巡った1泊2日をレポートする。

1

1 | 薩摩焼の窯元「沈壽官窯」にある茶室の縁側で日本庭園を前にくつろぐ、MSCクルーズジャパンの3人。

2 | 桜島と錦江湾を目の前に望む、市内随一の好ロケーションを誇る「城山ホテル鹿児島」からの夕景。

3 | ヨーロッパの影響を受け、江戸時代後期に製造が始まった薩摩切子。伝統の技が今に伝えられている。

4 | 鹿児島中央駅から東へ延びる、メインストリートのナポリ通りを歩くMSCクルーズジャパンのメンバー。

「東洋のナポリ」とも
称される鹿児島に故郷の
香りを探して──。

今回の旅に同行した3名の
うち、社長のオリビエロ
氏とマッシモ氏はイタリ
ア・ナポリ出身だ。初日の夜に「黒
熊鍋」を味わいながら、子ども時代
にさかのぼる鹿児島との縁について
知ることとなった。

「私と鹿児島との出合いは、ナポリ
での幼少期のこと。市内にカゴシマ
と名付けられた通りがあり、石畳の
急な坂道を行き来す
るのに苦労したこと
もあり、鹿児島はど
んな街なのだろうと
想像したことを今で
も覚えています」

調べると、両都市は1960年に姉
妹都市を提携。その理由の一つが、
弓状の海岸線が続く湾と美しい山容
の火山がある風景が、かなり似てい
ることだという。鹿児島市内にもナ
ポリ通りがあり、毎年11月には
「かごしまの風と光とナポリ祭」と
いう行事を開催。ガラス工芸が盛ん
なイタリア同様、薩摩切子が根付い
ているのも、何かの縁と感じるのは
私だけではないだろう。

日置市
CHIN JUKAN
沈壽官窯

1 ｜ 併設の売店では、日用品の黒薩摩や贈答用の白薩摩などがそろう。

2 ｜ カフェの薬膳料理は、写真のビビンバのほかにゅうめんも選べる。

3 ｜ 登り窯を案内してくれた職人・児玉尚昭さんとオリビエロ氏。

4 ｜ 登り窯でこそ生まれる風合いを大切にしているのもこだわり。

鹿児島の旅は、車をチャーターして広範囲を動いた。東シナ海に面した日置市ではまず、薩摩の土と登り窯を使う伝統の技法を守り続ける、薩摩焼の「沈壽官窯」を訪問。豊臣秀吉による朝鮮出征の際に連行された朝鮮人陶工が400年以上前に開いた、数奇な歴史をもつ窯元だ。医食同源を取り入れる朝鮮半島料理を受け継ぐかのように、2種の薬膳料理を味わえるカフェも併設。体に優しいランチを味わった後、登り窯や園内を職人に案内してもらった。かつて陶芸に親しんでいたオリビエロ氏。昔を懐かしむように、職人の話に耳を傾ける姿が印象的だった。

夕方からは鹿児島市内へ場所を移し、地元の伝統舞踊を鑑賞しながら名物の黒豚しゃぶしゃぶ料理「黒熊鍋」を味わい、市内を代表するホテルに滞在。桜島と錦江湾を眺めなが

在日歴の長い彼らだからこそ
より広く、より深く、
日本を知る旅を続ける。

霧島市
HENTA Tea making
ヘンタ製茶

5 ｜ 青々とした茶畑と霧島連山を望む、ベストポジションにテラスがある。

6 ｜ 手ほどきを受けながら、みずから抹茶などを点てることができる。

ら宿自慢の朝食ビュッフェを楽しん
だ翌朝は、錦江湾の最奥から内陸部
に広がる霧島市へ移動した。

　茶産出額が全国1位という鹿児島
県名産の日本茶の茶園の中で今回選
んだのは、海外からの評価も高い
「ヘンタ製茶」。茶畑と霧島連山を望
む絶景テラスで、煎茶や抹茶体験を
楽しみながら特別な時間を過ごすこ
とができると話題のスポットだ。

　世界の一流ホテルやレストランが
加盟するルレ・エ・シャトーに名を
連ねる妙見温泉の宿「忘れの里 雅
叙苑」では、旅館の伝統美や文化を
視察。天降川沿いに茅葺屋根の古民
家が移築されていて、鶏が放し飼い
にされているなど、日本古来の農村
集落を思わせる空間が広がっている。

　県内産の杉を多用して改装された
霧島神宮駅では、石蔵を使った隣接
のカフェ&ギャラリーも訪問。新旧
を調和させた空間美を見学した。

霧島市
Kirishima Jingu Station
霧島神宮駅

13 ｜ 駅のすぐそばにオープンしたカフ
ェ&ギャラリーでくつろぐ2人。
14 ｜ カフェにはいれたてのコーヒー
やクラフトウイスキーなどがそろう。
15 ｜ 目の前に線路が通り、ゆったりと
した時間が流れるテラス席もある。
16 ｜ 国宝・霧島神宮の最寄り駅にふ
さわしい新駅舎内にはショップも併設。

霧島市
Wasure no sato GAJOEN
忘れの里 雅叙苑

7 ｜ 茅葺屋根の古民家などを移築し、
古き良き旅館文化を今に伝える。
8 ｜ 囲炉裏が切られた空間は、自由
に談笑できる和のラウンジに。
9 ｜ 男女別の大浴場。ほか泉質の異
なる貸切風呂もあり、湯処が充実。
10 ｜ 植物を愛するマッシモ氏は、園
内の花々を愛でる心を忘れなかった。

鹿児島市
Kurokuma-pot
& Sumiyoshi-syachu
黒熊鍋&住吉社中

11 ｜ 夕食会場の「南洲館」では、住吉社中の伝統舞踊も披露。
12 ｜ 直径60cmの大鍋で黒豚などを味わうしゃぶしゃぶ料理を堪能。

鹿児島市
SHIROYAMA HOTEL Kagoshima
城山ホテル鹿児島

17 ｜ 鯛茶漬けや鰹節卵かけご飯など
か名物となっている朝食ビュッフェ。
18 ｜ 桜島と錦江湾を望むベストロケ
ーションに立つ名ホテル。
19 ｜ 朝食ビュッフェは室内のほか、見
晴らしのいいテラス席も利用可能。

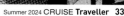

時間をギミックに、
船内で特別に熟成させる
「旅するウイスキー」を探して。

日置市

KANOSUKE Distillery

嘉之助蒸溜所

メイン棟裏側に広がる芝生スペースで
談笑する、小正嘉之助蒸溜所の小正
芳嗣社長とオリビエ口氏。

初日の午後は、日本三大砂丘に数えられる吹上浜に立つ「嘉之助蒸溜所」へ立ち寄った。1883（明治16）年創業の焼酎の蔵元・小正醸造が始めたウイスキー蒸留所だ。小規模な蒸留所は2基を使うのが一般的な中、3基のポットスチルを備え、原酒の香りや味わいを豊かに変化させる製法を採用し世界的な評価を得ているこちら。聞けば、今回の旅のハイライトだったようだ。

「実は、私たちは何度も訪問していて、世界のウイスキーを今後、担っていく会社だと個人的に感じていたのです。MSCクルーズ同様、家族経営の会社というのも魅力に感じたポイント。そこで、嘉之助蒸溜所のウイスキー樽を船内で熟成させることができないかと考えて今回、訪問したのです」

ウイスキーを愛するオリビエロ氏は、この蒸留所、さらには鹿児島を選んだ大きな旅の目的をこう語ってくれた。嘉之助蒸溜所のウイスキーはとてもシンプルだがとてもおいしく、北海道から沖縄まで航海する船に乗せて熟成させると、どんな味になるのか興味が湧いたようだ。

蒸留工程などを聞きながら場内を巡り、東シナ海のパノラマが広がる「THE MELLOW BAR」でテイスティング。樽の貯蔵庫では、樽出しの3年熟成ものも試飲した。「バーボンのような味かと思っていたけど、カスタードやあんずのような風味も感じる。色も美しく、リッチな香りが魅力──」

その味わいを熱く語る姿は、ナポリのカゴシマ通りを歩いていた彼の幼少期の姿を思わせた。

1 ｜ 絶景のバースペースで味わいについて語り続けるMSCメンバーの3人。

2 ｜ 3基のポットスチルによる味への好影響などに耳を傾けた。

3 ｜ 併設のショップでは、気に入ったボトルを自宅用に購入した。

4 ｜ ショップ兼受け付けには、幾度も試作を続けた歴代の商品も展示。

---

information

カスクナンバー18055、MSCベリッシマへ

MSCクルーズジャパンと小正嘉之助蒸溜所は、両社に共通する家族の価値観と歴史を基盤に、特別なウイスキーコラボレーションプロジェクトを計画中。

MSCクルーズのルーツ、ナポリ湾は美しい海、自然と火山があるなど、鹿児島と多くの特徴を共有しています。ウイスキー愛好家でもあるMSCクルーズのオリビエロ・モレリ社長が、鹿児島の嘉之助蒸溜所を訪れた際、代表取締役兼マスターブレンダーの小正芳嗣氏（P.34写真左）と意気投合し、今回の構想が生まれました。このプロジェクトの一環として特別なウイスキー樽が日本、アジアを巡るMSCベリッシマの船内で1年間にわたって熟成されます。樽は異なる気圧、温度、季節を体験し、

ユニークな風味を持つウイスキーに変化すると期待され、MSCベリッシマで特別に提供されます。また、今年からMSCベリッシマの船内バーで定番商品シングルモルト嘉之助を味わえる予定も。ゲストは洋上で世界に誇る特別な味を楽しむことができます。

2024 Cruise Lineup from Japan

2024〜2025年日本発着クルーズラインアップ紹介

2024年後半からMSCベリッシマが航海する
多様な日本周遊クルーズと主な寄港地を紹介。
泊数もコースもさまざまで、
11月からの沖縄発着クルーズも好評なので
早めにチェックしてみよう。

〜2024年6月までのスケジュール（実施済）

2024年4月29日発
ゴールデンウィーククルーズ　7泊8日

横浜〜神戸〜高知〜済州島（韓国）〜鹿児島〜横浜

2024年6月2日発
南西諸島・台湾 ポジショニングクルーズ 6泊7日

横浜〜那覇〜石垣島〜基隆（台湾）

鹿児島
Kagoshima

錦江湾に囲まれ雄大な桜島を有する鹿児島は、ベスビオ火山を有するナポリ湾と風景が似ていることから、「東洋のナポリ」と称される。西郷隆盛ゆかりの地や本殿などが国宝に指定された霧島神宮を巡るなど観光の楽しみも多い。　© K.P.V.B

2024年9月27日発　秋のショートクルーズ 5泊6日

日程		港
1	9月27日（金）	東京
2	9月28日（土）	終日航海
3	9月29日（日）	済州島・韓国
4	9月30日（月）	鹿児島
5	10月1日（火）	終日航海
6	10月2日（水）	東京

2024年10月2日発　秋の日本一周クルーズ 11泊12日

日程		港
1	10月2日（水）	東京
2	10月3日（木）	終日航海
3	10月4日（金）	室蘭
4	10月5日（土）	酒田
5	10月6日（日）	金沢
6	10月7日（月）	終日航海
7	10月8日（火）	釜山・韓国
8	10月9日（水）	八代
9	10月10日（木）	高知
10	10月11日（金）	大阪
11	10月12日（土）	終日航海
12	10月13日（日）	東京

2024年10月31日発　秋のショートクルーズ 5泊6日

日程		港
1	10月31日（木）	東京
2	11月1日（金）	終日航海
3	11月2日（土）	済州島・韓国
4	11月3日（日）	鹿児島
5	11月4日（月・祝）	終日航海
6	11月5日（火）	東京

室蘭
Muroran

北海道内浦湾の東にある室蘭は、海抜147m の展望台がある地球岬など海を感じる名所が多く、北海道らしいグルメも満喫できる。

大阪
Osaka

古くは難波津と呼ばれ、交通の要衝として発展してきた大阪は、歴史ある大坂城をはじめ観光や食などの見どころがいっぱい。

八代
Yatsushiro

日本三大急流の一つ、球磨川の河口に位置する八代港は熊本から30分〜1時間程度。歴史のある日奈久温泉なども楽しめる。

高知
Kochi

桂浜など坂本龍馬にちなんだスポットのほか、高知城、室戸岬など有名な観光地が多い高知。鰹のタタキに代表される名物も試してみたい。©高知県観光コンベンション協会

2024年11月23日発
東京発那覇着 片道クルーズ 5泊6日

日程		港
1	11月23日（土）	東京
2	11月24日（日）	終日航海
3	11月25日（月）	終日航海
4	11月26日（火）	基隆・台湾
5	11月27日（水）	石垣
6	11月28日（木）	那覇

2024年11月28日発　那覇発着クルーズ 4泊5日

日程		港
1	11月28日（木）	那覇
2	11月29日（金）	基隆・台湾
3	11月30日（土）	宮古島
4	12月1日（日）	那覇
5	12月2日（月）	那覇

石垣島
Ishigaki

沖縄本島の400キロ南にある石垣島は、亜熱帯の温暖な気候に育まれた自然の宝庫であり、竹富島などへの拠点でもある。エメラルドブルーの海が美しい川平湾などの景勝地のほか、中華風「唐人墓」など歴史的なスポットも。©OCVB

基隆
Keelung

台湾本島東北部の基隆は、台北へのアクセスも電車で約30分と便利なので、国立故宮博物院など台北の名所も訪問できる。ローカル色が豊かな台湾の食を味わえる基隆夜市などの観光もおすすめ。

2024年12月2日、6日発
那覇発着クルーズ 4泊5日

	港
1	那覇
2	石垣
3	基隆・台湾
4	宮古島
5	那覇

2024年12月22日発
那覇発着クルーズ 4泊5日

	港
1	那覇
2	石垣
3	基隆・台湾
4	那覇
5	那覇

2024年12月10日、14日発
那覇発着クルーズ 4泊5日

	港
1	那覇
2	石垣
3	基隆・台湾
4	宮古島
5	那覇

宮古島
Miyako

美しい海が印象的な宮古島。島の周辺に点在する伊良部島、池間島、来間島橋で結ばれて、青い海と橋の組み合わせは絶景観光スポット。©OCVB

那覇
Naha

沖縄クルーズの拠点となる沖縄の中心地・那覇は、都市化が進みつつ昔ながらの建物も残り、沖縄の文化や伝統に触れられる。世界遺産・首里城などの史跡巡りや、国際通りでの買い物と、楽しみ方はさまざまだ。©OCVB

2024年12月18日発
那覇発着クルーズ 4泊5日

	港
1	那覇
2	石垣
3	基隆・台湾
4	宮古島
5	那覇

2024年12月30日発
那覇発着年末年始クルーズ 4泊5日

	港
1	那覇
2	石垣
3	基隆・台湾
4	宮古島
5	那覇

2025年1月7日発
那覇発着クルーズ 5泊6日

	港
1	那覇
2	石垣
3	基隆・台湾
4	基隆・台湾
5	宮古島
6	那覇

2024年1月13日、2月6日、
10日、14日、18日、22日発
那覇発着・南西諸島クルーズ 4泊5日

	港
1	那覇
2	那覇
3	石垣
4	基隆・台湾
5	那覇

MSC World America

MSCワールドアメリカ、2025年就航！

2025年4月9日にマイアミで命名式が予定される新造船MSCワールドアメリカの魅力とは？

2024年4月7日、MSCワールドアメリカの進水式が実施され、2025年の就航へ向け建造が進む。MSCのカリブ海就航客船としては初のLNG燃料船になる予定。同船のMSCヨットクラブでは、プレミアムドリンク、Wi-Fi、スパへのアクセスなどが含まれたオールインクルーシブパッケージが設けられ、優雅にクルーズを。多目的施設のルナパークアリーナでは3つの新しいコンサートスタイルのショーが行われるなどエンターテインメントにも期待。

新しい施設の水上スイングライド「クリフハンガー」は眼下に広がる大海原を眺め海上での没入感のある体験ができる。6つのスペシャリティレストランを含めた13のダイニングを備えており、バラエティ豊かな毎日の食事も楽しみだ。

1│MSCヨットクラブの優雅なサンデッキとプール。 2│屋外のプロムナードスペース、ザ・ラナイ。 3│緑豊かなプールエリア、ボタニックガーデン。 4│MSCヨットクラブのトップセイルラウンジ。5│英国風のバー、マスターズ・オブ・ザ・シー。 6│多様なジンが味わえるザ・ジン・プロジェクト。 7│定番となったカイト・鉄板焼き。 8│ショーが繰り広げられる、ワールドシアター。

and to the future

from Oliviero Morelli
革新的なマイルストーンをこれからも

photo by Taku Tanji, interview by Masatsugu Mogi

オリビエロ・モレリ

MSCクルーズジャパン代表取締役社長

Q1.

2023年はどんな年でしたか？

Q2.

2024年はどのような取り組みを？

Q3.

成功させるために
一番大切なことは？

1 ｜ 2024年3月12日、東京クルーズターミナルに初入港したMSCベリッシマの洋上、レインボーブリッジを臨むデッキで語るオリビエロ氏。

2 ｜ グローバルパートナーを務めるフォーミュラ1をイメージしたレーシングシミュレーターもお気に入りのスポット。

A1 4月に MSC ベリッシマが運行を再開し、日本初の洋上音楽イベントクルーズ「ミュージッククルーズ」をはじめ、新しい取り組みの数々で日本のクルーズファンにクルーズの楽しみをご案内できることができた一年でした。また、映画「クレイジークルーズ」では MSC ベリッシマが舞台に選ばれ、さらに年末にはクルーズオブザイヤーのグランプリ受賞という栄誉も。スタッフ全員で準備してきたことが具体化した素晴らしい一年でした。

A2 本日、MSC ベリッシマが東京に初寄港しました。世界でも最も人気のある都市を拠点にできることは我々にとって非常にエキサイティングで、新たなチャレンジです。さらに嘉之助蒸留所との取り組みなど、MSC ベリッシマと日本の文化との融合にもさらに取り組んでみたい。また、MSC クルーズではラグジュアリーな世界観を提供する新ブランド、「エクスプローラ ジャーニー」を創設、素晴らしい上質なクルーズライフを日本の方々にもご紹介してまいります。

A3 それは、社員一人ひとりのプロフェッショナリズムに加え、絶え間ない努力と献身、そしてチームとしての団結力に尽きます。クルーズオブザイヤーのグランプリと国土交通大臣賞を受賞するという大きな節目を迎えられたのも、彼らの熱意があってこそ。私は彼らに感謝しかありません。日本のクルーズマーケットを盛り上げていくために、チーム全員の力を合わせて、さらなる高みを目指していきたいと思います。

Chapter 2

Setting Sail on Explora

新たなる洋上の楽園

エクスプローラ ジャーニー

アポンテ・ヴァーゴファミリーの
長年の海への情熱、夢が結実したブランド。
ラグジュアリーな海の旅を再定義する
新しい船旅の誕生だ。

Journeys

エクスプローラ ジャーニー
からデビューした客船エクス
プローラI。

写真= 本浪隆弘
photo by Takahiro Motonami,
Explora Journeys

文=島津奈美
text by Nami Shimazu

オーシャン・ステート・オブ・マインド

海と心が
つながる
旅へ

海を通じて、自分自身や人々、
周囲の環境とのつながりが生まれる。
心が安らぎ、エネルギーが満ちてくる。
内なる世界や外の世界の新たな発見を導き、視野を広げ、
新たな関係を築くきっかけとなる。
その全てが、力強く、革新的でありながら
普遍的な感情の絆を生み出す。

船上のサービスは、
ゲストが内なる世界と外の世界を探索し、
実現するために用意される。

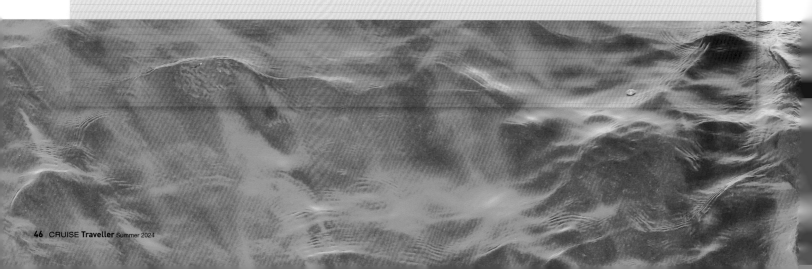

2,500㎡の広々とした屋外デッキには数多くのプールやジャグジーが点在。海の絶景を見渡しながら、水に囲まれた体験を。ヨガやフィットネスなどのオーシャンウェルネスも充実。

New Concepts
of
Explora Journeys

エクスプローラ ジャーニーが提案する

新しい
船旅の
概念

クルーズの概念をとらえ直し、新たな世界へ。
例えば、クルーズを「ジャーニー」と呼ぶなど
エクスプローラ ジャーニーでは独自の用語使いも特徴。
オールインクルーシブの範囲も広く、ストレスのない船旅を。

"Journeys" (ジャーニー) = Itineraries, Cruises (アイテナリー、クルーズ)

"Hosts" (ホスト) = Crew (クルー)

"Homes at sea" (洋上の住まい)、 "Suites" (スイート) = Cabin (キャビン)

"Destination Experiences" (寄港地体験)
= Excursions, Tours (エクスカーション、ツアー)

All Journeys Include

5カ所の無料のレストラン、24時間のルームサービス、バーやラウンジでのアルコールを含むドリンク、端末数も無制限のWi-fi、船内チップや港湾税も全て含まれており、ストレスなく過ごせる。

1

What's Explora Journeys?

――a differentiated ultra luxury lifestyle ocean brand for the discerning traveller

違いの分かる旅人のための
最高級ライフスタイルオーシャンブランド

comments from Chris Austin, President North America/北米支社長 クリス・オースティン氏のコメントより

私たちの夢は、違いの分かる旅人のために、これまでとは違う最上級のライフスタイルオーシャンブランドを創ることでした。オーナーのアポンテ・ヴァーゴファミリーは、地中海のプライベートヨットでの休暇をモデルにして新しいブランド「エクスプローラ ジャーニー」を創り上げました。構想にあたり、富裕層の旅行者、クルーズリピーターや旅行業界など2万人に理想のクルーズ、客船についてアンケートを実施し、それを元に新しいコンセプトを着想しました。 建造は世界有数の建築家マーティン・フランシス氏と、イタリアの建造所フィンカンティエリに依頼し、エクスプローラシリーズを計画、理想を追求した極上のラグジュアリーブランドが実現したのです。2028年までに6隻の船が就航する予定です。私たちの客船に乗船したゲストには「客船でなく、まるでブティックラグジュアリーホテルのよう」と感じていただけたらうれしいことです。疲れる旅でなく、ゆったりとした旅ができるように入港や出港の時間を工夫したり、終日航海日を設けたりしています。この船は就航からあまりたっていませんが、すでに2回目、3回目の乗船をしてくれるゲストの方々がいらっしゃいます。この船のヨーロッパ流の優雅で落ち着いた雰囲気、一貫性のあるデザインや色使いをきっと気に入っていただけるでしょう。他の客船よりも多くの「水」があるのも特徴ですので、船内のさまざまなエリアで美しいジャグジーを楽しんでいただければと思います。海というのは旅人を世界中の素晴らしい場所へと導いてくれます。海とのつながり方は人それぞれ、海を愛する方法も十人十色。でも海こそがエクスプローラの故郷です。客船エクスプローラⅠでの時間、「オーシャンジャーニー」は人生を変える体験となるでしょう。

1 ｜ 華麗なシャンデリアと輝く階段は、エクスプローラⅠのフォトスポット。

2 ｜ 船上で語る北米支社長のクリス・オースティン氏。

Leaders of Explora Journeys

エクスプローラ ジャーニーを導く人

1

photo by Takahiro Motonami, text by Nami Shimazu

今ある船の中で
最も美しい船の一つだと
思っています

I believe the most beautiful ship
that is around right now
despite of the other companies have beautiful ships as well.

Captain

Diego Michelozzi

船長
ディエゴ・ミケロッツィ

私は大手クルーズラインでの船長経験を経て、エクスプローラ I の船長となり、船の引き渡しの約1年前から、エクスプローラ ジャーニーでの建造計画にも携わってきました。そして今、私は世界で最も美しい船の一つに乗船していると信じています。

The Ocean State of Mind（海とのつながり）をゲストへ

エクスプローラ I はデザイン性や施設の面でも優れた客船ですが、乗船されたゲストの方々からはホストが非常に親切で思いやりにあふれているとお褒めいただくことが多いです。完璧なサービスを提供するためには、ホストの尽力が何より大切です。マンダリンオリエンタルホテルのような有名ホテルや、ドバイの高級リゾートなどで、上質なサービスマネジメントを経験してきたサービスのプロフェッショナルも多く勤務していますが、さらに私たちは人材を育成し、しっかりとした土台を築くことを重要と考え、サービスや商品の知識、リーダーシップなどについての研修も徹底して行っています。ゲストに The Ocean State of Mind（海とのつながり）の精神を届けるために、ホスト自身にもこのビジョンを共有するとともに、雰囲気作りに努めています。この船には40カ国以上の国籍のホストがいますが、船の舞台裏には「チームレストラン」と呼ばれる乗組員専用の食堂があり、出身国に合わせた料理が提供されています。高品質な食事のほか、家族とやりとりできる高速 Wi-Fi の提供など、ホストの日頃の心身のケアも大切にしています。

エクスプローラの新造船計画の過程でも持続可能性を追求

また、私たちのブランドは持続可能性、環境へのこだわりをコンセプトにしています。現在、2024年夏にエクスプローラ II、2026年に III、2027年に V の就航を予定し、エクスプローラ VI までの計画を発表しています。I と II は船舶用ディーゼルオイルのみを使用、環境汚染の原因となる重油は使用していません。エクスプローラ III と IV では、船舶用ディーゼルオイルと LNG（液化天然ガス）を使う LNG 二元燃料システムを採用します。エクスプローラ V と VI では LNG と燃料電池を使用し、水素を推進源とするため、汚染や環境負荷はほぼゼロになる予定です。ただ、問題は LNG を補充できない寄港地があり、重油による環境汚染を防ぐためには、寄港地の選定と LNG 補給の手配も重要です。私たちは間違いなく、環境保護に向けて他社よりも数歩先を進んでいると言えるでしょう。

エクスプローラⅠ 船内案内

プール、バー、ラウンジ、スパ、ショップなど
エクスプローラ ジャーニーらしい
心地良さが細部にまで行き届いた船内を案内。

Pools

その日の気分で選ぶ4つのプール

deck 11

HELIOS POOL & BAR
ヘリオスプール&バー

船首方向に広がる11デッキのパノラ
マビューを楽しめる、眺望抜群の大
人専用プール。ヘリオスとはギリシャ
語で太陽の意味で、古代ギリシャの
神アポロンから着想した言葉だ。

1 ｜ 入港時の進行方向の景色を見ながら
リラックス。

2 ｜ プールサイドには座り心地のいいデッ
キチェアが並ぶ。

THE CONSERVATORY POOL & BAR
ザ コンサバトリープール＆バー

開閉式の屋根がある全天候型のプールで、世界中で快適なプールライフを。一日中、心地よい軽音楽が流れる空間。夜はスクリーンで映画などが上映されることも。

3 | 天候を気にせずに過ごせる特別な空間は、格段に利用頻度が上がるはず。

4 | 海を満喫できるプールサイドのジャクジーでは、シャンパン片手に日の入りを眺めるのも良い。

5 | バーも併設されているので、好きな飲み物や軽食を楽しもう。

ASTERN POOL & BAR
アスターンプール＆バー

航跡を眺められるインフィニティプールに、お洒落なビーチクラブのようなアウトドアラウンジやバーが併設。昼食時には隣のレストラン「サクラ」から弁当ボックスのサービスも可能。

6 | プールの底に記されたブランドマークの向こうに広がる航跡。

7 | リフレッシュタオルや日焼け止めが用意されている。

8 | バーが併設され、昼も夜もくつろぎのひとときを。

ATOLL POOL & BAR
アトールプール＆バー

デッキ10の船尾にあり、大海原を上から見下ろしながら、静かでリラックスした雰囲気が味わえる小さなプール。 併設のバーでは輝くカラフルなカクテルを楽しめる。

9 | プールサイドの日光浴ベッドでゆったり過ごそう。

10 | 潮風に吹かれながら、併設のバーでお酒やドリンクを。

Bars
スタイリッシュなバーで優雅な夜を

朝から深夜まで人が集う、スタイリッシュなロビーバー。

deck 11

MALT WHISKY BAR
モルトウイスキーバー

エクスプローララウンジ内に併設され
たウイスキーバー。希少なウイスキー
もそろえており、世界中のウイスキー
を味わってみては。英国調のシガー
ルームは愛煙家垂涎の空間。

1 ｜ モルトウイスキーバーでは、カウンター
越しの海の景色も素敵だ。

2 ｜ 日本の人気ウイスキーの山崎なども含
め、豊富なメニューリストも魅力。

3 ｜ ウォークインの加湿器付きのシガール
ームも備え、クラシックな雰囲気。

4 ｜ 高級シガーを味わいながら、大人のナ
イトタイムを。

deck 4

LOBBY BAR
ロビーバー

船内中央にあり、交流の中心となるバ
ーで、ボトルが飾られた壁面が目を引
く。オールインクルーシブで（一部銘
柄を除く）世界のお酒を味わえるオア
シスのようなスポット。

メニューには船オリジナルのシグネチャー
カクテルもある。

Cafés & Lounges

温かなサービス
とともに
堪能する船内ライフ

CREMA CAFÉ
クレマカフェ

ロビーバーからの階段を上るとヨーロ
ッパのカフェを連想させるラウンジへ。
船の中心的なスポットで、差し込む陽
光も心地よく、控えめな色合いの内装
がスタイリッシュ。

1 │ 窓際の景色とともに優雅に読書をしな
がらカフェタイムを楽しむゲストも。

2 │ バリスタが淹れてくれるエスプレッソ
やカフェラテが毎日の楽しみに。

3 │ メニューには抹茶のカフェラテもあり、
味も本格的。

4 │ コーヒーをテーマにしたオブジェがカ
フェを彩る。

EXPLORA LOUNGE
エクスプローララウンジ

270度の海の景色を楽しめるエクスプローラ
ラウンジ。外に展望デッキが併設、毎日午後4
時にはアフタヌーンティーの会場にもなり、夜
はシックな雰囲気のラウンジに。

5 ｜ 窓際のサンルームのエリアには、ガラスの天井からも明るい光が降り注ぐ。
6 ｜ 夜にはグランドピアノの生演奏が行われることもある。

GELATERIA & CRÊPERIE
AT THE CONSERVATORY
ジェラテリア＆クレープリー アット コンサバトリー

コンサバトリーのプールサイドで、フルーツ系
やチョコレート、バニラ、ピスタチオなど種類
豊富な日替わりジェラートやソフトクリームと
好きなトッピングのクレープを味わえる。

7 ｜ カップかコーンを選択。サクサクのコーンがジェラートを引き立てる。
8 ｜ 10種類以上あるメニューから組み合わせて自分好みのジェラートを。

ASTERN LOUNGE
アスターンラウンジ

昼間はレクチャー、夜はライブエンターテイメン
トやDJセッションなど、多目的に使われるソー
シャルなラウンジ。夕暮れに併設のバーでアペ
リティーヴォはいかが。

9 ｜ ミニステージで繰り広げられるライブミュージ
ック。時にはサイレントディスコも開催。
10 ｜ 自動水平補正機能付きのビリヤードテーブルも
ある。

Ocean Wellness
& Other Areas

幅広い年代が楽しめる
広大なウェルネス、
子ども向け施設も

THE SPA
ザ スパ

多彩な施術が受けられるトリートメントルーム、サウナやハイドロテラピープールなどが充実したスパ。ソルトケイブなど温浴施設も人気で、サウナエリアは無料で利用可能。

1 ｜ ハイドロテラピープールはスイムウエア着用で利用する。

2 ｜ サウナ後の火照りをシェイブアイスで静めた後、ゆったりくつろぐ椅子も並ぶエリア。

3 ｜ ドライサウナのほか、スチームサウナもあり、寄港地での疲れを癒やせる。

4 ｜ スパ内には男女利用できるヘアサロンがあり、マニキュアなどのメニューも。

FITNESS CENTRE
フィットネスセンター

270㎡のフィットネスセンターとフィットネススタジオにテクノジムの高性能機器を完備。スタジオで行うヨガ、ピラティスは毎日無料レッスンが実施される。

5 ｜ 機器を使う通常の利用は無料。有料のパーソナルトレーニングも可能。

6 ｜ スタジオにはトレーニングやピラティスなどに使える最新機器を用意。

OUTDOOR FITNESS/ SPORTS COURT
アウトドアフィットネス／スポーツコート

アウトドアフィットネスにテクノジムのサイクルライドなどを設置。潮風を浴びながらのフィットネスを。ピックルボールなどが楽しめるスポーツコートもある。

7 ｜ 海を見ながら気持ちよくトレーニングできるオープンエアのフィットネス。

8 ｜ ハーフバスケットコートも設置され、スポーツ好きにはうれしいエリア。

GUEST SERVICES
ゲストサービス

ゲストサービスのためのレセプションが、従来と全く違うスタイルに。円形ブースに座って。対面で対応してもらえる、エクスプローラ ジャーニーの精神が感じられる場所。

クルーズ中の質問や下船前の対応など、丁寧に対応。

NAUTILUS CLUB
ノーチラスクラブ

6〜17歳のお子様向けのノーチラスクラブには、プレイステーション5、プレイステーションVR2、Xbox、NintendoSwitch、iPad、OculusProなど最新のビデオゲームも完備。

スポーツ、アート、船内各所でのゲームなどさまざまなキッズプログラムを用意して朝9時から深夜まで対応。

Shopping

オリジナルグッズからブランド時計まで
船内のショッピングも充実

THE JOURNEY
ザ ジャーニー

人と地球に配慮するコミットメントを持つ30を
超える最高級職人ブランドの個性にあふれる
コレクションが集められている船内ショップ。
オリジナルグッズや日用品もここで購入できる。

1 | 天然植物原料にこだわったブエノスアイレスの
FUEGUIA 1833の香水。

2 | ガーナ北部ボルガタンガの技術と高品質のラフィア素材が融合したAAKSのバッグ。

3 | 細かい手作業を経て紡ぎ出されたピンクマハラ二の美しいショール。

deck 4

BOUTIQUES
専門店

船上初の店舗として話題のロレックスをはじめ、カルティエ、ピアジェ、パネライと世界で名高い時計、ジュエリーブランドを展開。ラグジュアリーなショッピング体験を。

4 ｜ 洋上初のロレックス正規店。1日につき先着2点まで実際の購入も可能。

5 ｜ コスモグラフ デイトナなど人気モデルも展示されていた。

6 ｜ フィレンツェ発祥で海との親和性が高いブランド、パネライも出店。

7 ｜ 深い青の文字盤が洗練された雰囲気のラジオミール。

8 ｜「宝石商の王」ともいわれる世界的なブランド、カルティエ。

9 ｜ エレガントなデザインのバロンブルードゥも豊富に取りそろえてある。

Douglas Ward & Ayako Yoshida

text by Ayako Yoshida
photo by Douglas Ward & Ayako Yoshida

ダグラス・ワード夫妻が体験したエクスプローラIの魅力

ラッキーなことに英国在住の私たちは処女航海の前後にショートクルーズを2回体験できた。他船に比べ、一体どんな特徴があるのか。業務乗船を重ねた二人の経験から、本船のポイントをお伝えしたい。

新造船に関するデータは乗船する前に公表されるものだ。総トン数、乗客やクルーの数、客室数などが分かるので予想はある程度つく。インテリアなどの画像もかなり具体的に出る。しかし、実際船内へ足を踏み入れた時の印象というものがある。今回はダグラスが乗船して感じた3点を中心にしてご紹介していこう。

スペースたっぷりな客船

「乗船して最も強く感じたのはスペーシャスだということだ。客室はもちろんのこと、廊下や公室、各レストラン、デッキのプール周辺など船内どこへ行っても広々と感じられた」とダグラスは話す。

アトールラウンジのビリヤードコーナーで遊びのポーズ。

ダグラス・ワード ｜ クルーズ乗船歴59年。客船評論家として世界の客船を評価するガイドブック『CRUISING & CRUISE SHIPS』を出版。

吉田あやこ ｜ クルーズアンバサダー、文筆業。乗船歴35年、在英30年。

アウトドアフィットネスの機器に試乗（左）。ラウンジに備え付けの茶葉をチェック（右）。

確かに長い行列ができたり、混み合う場所を見ることはなかった。これは総トン数に対する乗客数を抑えているからだろう。また、乗客が旅慣れていることもある。私はスパの外気浴ができる広めのエリアに感心した。コロナ禍を経て日本でもサウナの人気が高まっている。客船でもサウナを装備しているが、本格的なフィンランド式を楽しむ十分な設備があるとは言えない場合もあるのだ。本船のように屋外にデッキチェアを置いて体を冷やしながら海を眺める施設を設けている客船は極めて少ない。

食事のチョイスが多い

「メインダイニングを作らず、世界各国の上等な料理を毎日選べるというのは極めて現代的で自由度が高い」というのが食に関するダグラスのコメントだ。有料で要予約の「アンソロジー」はミシュラン星付きのメニューをシェフがテーブルで詳しく説明してくれるので良い思い出となるはず。「サクラ」は和食だけではなくタイや韓国の麺類もあり、日本人にとってはありがたい。ダグラスはお刺身や和牛、日本そばを楽しんでいた。

ストレスフリーでいられる

「クルーズを楽しむには心を軽くしたほうがいい。本船では余分なストレスを感じることがなかった。オールインクルーシブ制で追加料金の不安もない。イリー社（イタリア）のコーヒー一つをとっても欧州を代表する良品が選ばれているのも特筆に値する」
スパのバスルームに何気なく置かれた洗剤や乳液もその好例だ。「アロマセラピーアソシエイツ」という英国の老舗ブランドとはさすがである。

　2回目の乗船では長年の夢をかなえることができた。毎夏スコットランドで開催されるミリタリタトゥーの最終日は予約を取るのが難しい。本船はこの日に合わせエディンバラに入港。ツアーでは乗客のために特等席を確保していた。死ぬまでにやりたい事の一つが、エクスプローラ I に乗船して実現したというわけである。クルーズに付加価値を加える航路も、満足度を上げてくれる大きな要素になろう。

スコットランドでツアーに参加し、最終日のミリタリータトゥーを見学。

船内で最も高価な一点（左）。英国の逸品アロマセラピーアソシエイツの商品がさりげなく（右）。

乗船時、ウェルカムシャンパンをサービスされたときの一枚。

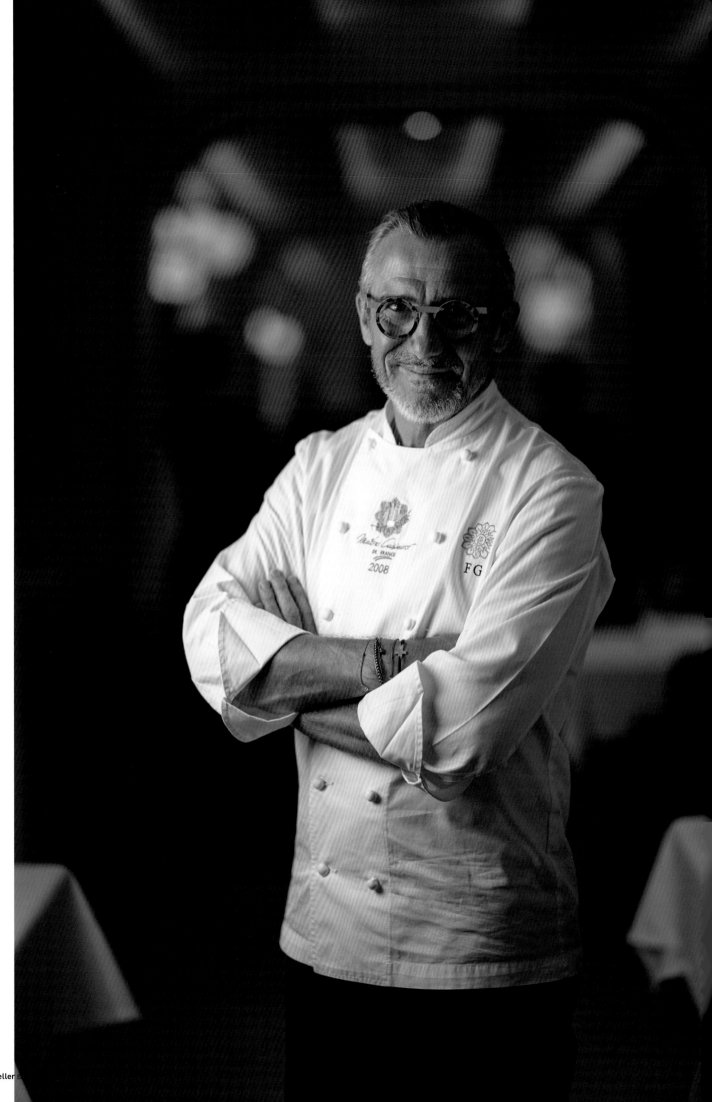

photo by Takahiro Motonami, text by Nami Shimazu

世界から特別な食材を集め
他に類を見ない
食体験を提供します

*This approach ensures a consistently high standard of food quality
in every dining venue on board,
while allowing guests to experience unmatched variety.*

エクスプローラ ジャーニーでは洋上で最高の料理体験を提供することに重点を置いています。シェフと乗客の比率を最も高く保ち、真に思い出に残るグルメ体験をお約束します。さらに、フランス・ボース産のヴァイロン小麦粉、フランス・ドゥーセーブル産のエシレバター、スウェーデン産のスワミビーフ、ドイツ産のシンメンタールビーフ、スペイン産のバルフェゴ・クロマグロ、新鮮な活ロブスター、コシヒカリ、イベリコ・デ・ベロータハムなど、特別な食材を調達し、他に類を見ない食体験を提供しています。

食材や鮮度にこだわった、インタラクティブなダイニング体験

食材の鮮度は特にこだわりのあるポイントです。新鮮な魚介類を地元の業者から毎旅2回調達するか、EUやアメリカの信頼できる業者から空輸することで、食材の鮮度と品質を確保しています。例えば、フランスで最高級とされるヴァイロン社の小麦粉は、フランスの大統領官邸であるエリゼ宮殿で供されるバゲットと同じ製法で作られています。さらに、当社のコシヒカリは新潟県魚沼市の棚田で丹念に栽培されており、最高級の品質を保証しています。複数あるレストランのうち、エンポリウムマーケットプレイスは、一般的な船上ビュッフェとは一線を画しています。シェフがゲストの目の前で調理し、活気あるインタラクティブなダイニング体験を生み出すダイナミックな空間をイメージしています。独特のセットアップにより、新鮮、できたての「アラミニッツ」料理の提供が可能になりました。活気と感動とともに、料理や味との出会いを体験できるでしょう。エクスプローラ ジャーニーでは、持続可能性と料理体験を両立させています。全てのレストランにおいてプラントベースの料理を増やし、注文を受けてから食べる量を調理することに焦点を当て、絶滅危惧種の魚類などを避けることで、持続可能性のコンセプトを実現しています。鶏肉は農場で飼育されたものだけを提供するなど、仕入れ先がこの持続可能性の目標に沿った経営をしているかどうかも徹底的に調査しています。

全てのレストランでバラエティに富んだ高水準の料理を

私たちの客船には、日替わりメニューを提供する伝統的なメインダイニングはありません。これにより、全てのレストランで廃棄量を減らし、特化したメニューで最高品質を追求することができます。各レストランでは、オープン席とアラカルトダイニングがあり、お食事は各施設内のキッチンから、できたてをご用意します。このようなアプローチにより、船内のどのダイニングでも一貫して高水準のお食事をお楽しみいただけると同時に、比類ないバラエティに富んだ食事をご堪能いただけるのです。エクスプローラ ジャーニーでは今後、毎年のように新造船の計画をしており、造船の就航に伴い、料理体験も継続的に改良していく予定です。卓越した品質へのこだわりを維持しながら、年間を通じて新しい料理を開発していく予定です。

Head of Culinary

Franck Garanger

総料理長
フランク・ガランジェ

Exploring
the
Culinary World

食 の 世 界

photo by
Takahiro Motonami
text by
Nami Shimazu

ガラス張りにしたキッチンのライブ感
ある調理風景を見られるレストランも
多い。日本食、アジア料理を提供する
レストラン「サクラ」のキッチン。

への探求

アンソロジーの「赤キャベツのガスパ
チョ　炭火焼きビーツのマーマレード、
フレッシュハーブ」。見た目も味も感動
の連続だ。

Anthology
アンソロジー（要予約）

Caviar Composition

Hamachi tartare,radish,vineglette sauce
& Marine lobster,
sweet and sour turnip

キャビア コンポジション

ハマチのタルタル、ラディッシュ、ピネグレットソース＆
オマール海老、カブの甘酢漬け

キャビアを魚介、野菜と組み合わせたアートのよう
な料理を、モエ・エ・シャンドンのロゼと一緒に。

五感を満たす美食の芸術

海域によって変わる世界のトップシェフによる珠玉の料理の数々を、特別な空間で堪能できる。そんな贅沢で刺激的な体験ができるのが、唯一の有料レストラン、アンソロジー。店内は現代的でエレガント、落ち着いた照明と温かみのあるサービスが、洗練されたディナーを演出する。熟練のソムリエが厳選したワインの数々と繊細な料理との競演を心ゆくまで味わって。「7コース テイスティング メニュー」は190ユーロ。

1 ｜ サンフランシスコでミシュラン1ツ星を獲得したO' by Claude Le Tohicのオーナーシェフ、クロード・ル・トヒック氏（左）とコラボ。

2 ｜ 黒トリュフを使った「ホタテのカネローニ」。

3 ｜ 白を基調としたアンソロジーの内装。暖かい海域ではテラスも利用可能。

4 ｜ グループで優雅なディナーができる半個室の特別席。

Med Yacht Club
メッドヨットクラブ（自由席・無料）

Grilled Octopus
San Marzano tomato sauce, Taggiasca olives,
French beans

タコのグリル

サンマルツァーノ・トマトソース、
タッジャスカ産オリーブ、フランス豆

香ばしく焼き上げたタコに上質なオリーブオイル
を。素材を生かした料理が印象的。

地中海の恵みをふんだんに味わう

青く澄んだ地中海をクルーズするヨットをイメージした「メッドヨット
クラブ」は、夜にオープン。舷窓や船を連想させる内装が気分を演出
する。洗練されたビーチサイドレストランのような心地よい空間で、イタリ
ア、スペイン、ギリシャ、フランスなど地中海沿岸の多彩な料理を楽しめ
る。旬の野菜やハーブをふんだんに使ったヘルシーなベジタリアンメニュー
も充実。地中海各国のワインや新鮮なフルーツを使ったカクテルなども。

1 ｜ シップモデルや丸い舷窓など、古き良き船
旅をイメージさせるインテリア。

2 ｜ バーが併設され、ワインリストには地中海
の名醸地から取り寄せたセレクションが並ぶ。

3 ｜ チェリートマトのコンフィ、イチゴ、ピストゥ
を使ったデザート「スイート・カプレーゼ」。

Emporium Marketplace

エンポリウムマーケットプレイス（自由席・無料）

18のキッチンステーションとライブ感ある食体験

キッチンステーションが18カ所並び、朝・昼・晩と世界の美味を味わえる「エンポリウムマーケットプレイス」は一度訪れれば、従来のビュッフェと全く違うことに驚くだろう。注文してから料理する「作り立て」が特徴で、例えば、毎日作られる自家製生パスタは麺の種類、ソースも複数から選べて、ずらりと並ぶステーションが食欲を刺激する。ディナーでは牡蠣や蟹のコーナーが登場するなど、新鮮で上質な食材が並び、粉から手作りするピザやバゲット、さまざまな食材は豊富なラインアップで、どのコーナーも美食家をも満足させるはずだ。

1 ｜ 小麦粉の質にまでこだわったバゲットなど、フレッシュで美味しいパンは毎日の楽しみに。

2 ｜ 種類別のキッチンステーションで、ホストたちができたての料理を準備してくれる。

3 ｜ 窓が大きく、入出港の景色も楽しみなレストラン。航海中にはジャンプするクジラが見えたことも。

4 ｜ 自分好みの野菜やドレッシングを選んで、フレッシュなサラダを食べられる。

5 ｜ キッチンにピザ窯があり、焼きたてのピザはイタリア人も太鼓判を押すほどの絶品。

Fil Rouge

フィルルージュ（自由席・無料）

フランスの香り漂う、料理とワイン、人との絆

フレンチの伝統的な技法をベースに、世界の食材や調理法を取り入れた独創的なメニューの「フィルルージュ」。店名は、フランス語で赤い糸を意味し、料理とワイン、人と人とを結ぶ見えない絆を表現。朝食とディナーにアラカルトのメニューを提供。

1

1 ｜ キャビアとホタテを使った前菜の一品から。素材を際立たせ、味も見た目も絶品で再度味わいたくなるメニューばかり。

2 ｜ エレガントなワゴンサービスで登場するデザートセレクションや、できたてのスフレも自慢だ。

3 ｜ ラグジュアリーな雰囲気のインテリアの中、ワインとのマリアージュも楽しみ。

2   3

Marble & Co. Grill

マーブル＆Co. グリル（予約制・無料）

上質な料理とワインを堪能するクラシックなステーキハウス

古き良きステーキハウスの伝統を受け継ぎながら、ヨーロッパのエッセンスを加えたモダンな空間。和牛や、フランスやスウェーデンなどの希少なヨーロッパ各地から熟成肉を仕入れ、専用の熟成庫で丁寧に寝かされた最高級の肉は、ステーキへの期待を高めてくれるだろう。

4

4 ｜ ステーキの付け合わせのソースは5種類から、お好みでオーブン焼きのキャセロールなども付けられる。

5 ｜ ドライエイジング庫や肉を焼くキッチンなどが並ぶ店内。ステーキも複数試してみたくなる。

6 ｜ クラシックでありながらモダンな雰囲気の店内。ハンバーガーなどステーキ以外のメニューも充実。

5　　6

SAKURA
サクラ（予約制・無料）

1
2

3

厳選された素材の和食など本格派のアジア料理

魚沼産のコシヒカリと新鮮なネタを使用し、日本人にも満足の寿司をはじめ、汎アジア料理が楽しめる「サクラ」。店内には京都の茶室をイメージした和風の装飾も。炙り寿司や和牛のタタキや黒タラの味噌焼きなど、懐かしい日本の味から、焼きそばや餃子などのアジア料理まで、バラエティ豊かに楽しめる。日本酒ソムリエが厳選した銘酒のセレクションも見逃せない。ディナーは予約推奨のスペシャリティダイニングだが、ランチもオープンしているのがユニークだ。

1 ｜ 刺し身の盛り合わせや炙りサーモン、マグロのタタキ、握りや巻物など種類が豊富なのがうれしい。

2 ｜ ランチのお弁当（BENTO BOX）は、近くのアスターンプールのプールサイドでも食べられる。

3 ｜ 開放感のある海に面した座席や寿司カウンターなどがあり、気分を変えて楽しめる「サクラ」の店内。

4 ｜ ブリ、クロマグロ、海老、サーモンなどを組み合わせた受賞歴のある寿司マスター監修のお試しプレートもある。

5 ｜ 日本のビール、枝豆、味噌汁などほっとできるメニューも全てが含まれる。ぜひ注文してみたい。

4   5

エグゼクティブシェフが自らレシ
ピをレクチャーしてくれる。

CHEF'S KITCHEN

シェフが教える
船上料理教室

photo by
Takahiro Motonami

シェフズキッチンは、少人数のゲストのための
プライベートキッチン。シェフが日替わりでと
っておきのレシピをレクチャーし、自分たちで
調理。隣のプライベートダイニングルームでワ
インとともに試食。航行エリアに合わせてメニ
ューも変わるので、その地ならではの食体験を。

モッツァレラ・ディ・ブッファラのラビオリ

材料（4人分）

●パスタ生地
小麦粉（00粉） ……… 220g
セモリナ・
リマチナータ ……… 140g
卵黄 ……… 160g
全卵 ……… 70g
エクストラバージン
オリーブオイル ……… 5g

●チーズの詰め物
モッツァレラチーズ ……… 260g
リコッタチーズ ……… 80g
パルメザンチーズ ……… 40g
キサンタンガム ……… 1.2g
海塩 ……… 5g
ブラックペッパー ……… 3g

●付け合わせ
フレッシュバジル ……… 100g
エキストラバージン
オリーブオイル ……… 30g

●ア・ラ・ミニット・ソース
水 ……… 400g
エクストラバージン
オリーブオイル ……… 80g
トマトソース ……… 200g
仔牛のデミグラス ……… 60g
無塩バター ……… 60g
パルメザンチーズ ……… 60g
海塩 ……… 1g
挽きたての黒胡椒 ……… 10.5g

作り方

【パスタ生地】
❶ミキサーでパスタ生地用の2種類の粉をよく混ぜ合わせる。
❷卵、酢、オリーブオイルを加え、生地がなめらかになるまで中速で混ぜる。
❸ミキサーから生地を取り出し、ビニールフィルムでしっかりと包み、30分以上休ませてから使用する。

【チーズの詰め物】
❶詰め物の材料を全てミキサーに入れ、よく混ぜ合わせ、味を調える。
❷混ぜ合わせたものをボール状にしておく。

【ラビオリの準備】
❶パスタ生地を薄く伸ばし、ラビオリ型にのせる。
❷詰め物を約15g（大さじ1）ずつ詰める。
❸もう1枚の薄い生地で覆い、形を整え、ラビオリを切る。脇に置いておく。

【ア・ラ・ミニット・ソース】
❶鍋に水と塩を入れ沸騰させる。オリーブオイルでローズマリーとニンニクのスティックを中火で1分間炒める。
❷トマトソースと仔牛のデミグラスを加え、沸騰させる。

【ラビオリを料理】
❶ゆでたラビオリをソースに加え、よく混ざるまで2分間混ぜる。ラビオリを皿に盛り、ソースをかける。
❷バジルを飾り、オリーブオイルを軽くかける。皿に盛り付け、召し上がれ！

左ページ上 ｜ 試食もできるプライベートダイニングルーム。
左ページ下 ｜ キッチンスペース。

シェフズキッチンは予約制・有料。参加者にはオリジナルのエプロンやバッグなどのオリジナルグッズやレシピを進呈。

Homes at sea

世界の海を移動しながら、
まるで洋上の我が家のようにくつろげる
客船エクスプローラIの
スイートの数々を案内しよう。

洋上の
我が家へ

photo by Takahiro Motonami, Explora Journeys,

エクスプローラI 客室案内

1

1 ｜ オーナーズレジデンスに備えられ
ている絶景のプライベートジャグジー。
2 ｜ 全身トレーニングを行えるテクノ
ジムのフィットネス機器が付く。
3 ｜ オーシャンレジデンスの落ち着い
た色合いのベッドルーム。

2

3

Ocean Residences

オーシャンレジデンス

コーブレジデンス CO、リトリートレ
ジデンス RR、セレニティレジデンス
SR、コクーンレジデンス CR
客室総面積：70〜149㎡（客室56
〜74㎡、テラス14〜75㎡）

アメニティも充実した優雅な空間が船旅を彩る

バトラーサービスが付き、専用ジャグジー付きテラス、優雅な空間が自慢の「オーシャンレジデンス」。スワロフスキーの双眼鏡やインルームフィットネス用の機器など、上質なアメニティが充実。中でも船尾に航跡を望むインフィニティジャクジーのあるオーナズーレジデンスは総面積280㎡、洋上でも最高級のスイートの一つといえそうだ。

4 ｜ 船首方向の風景が見られるリトリートレジデンスの広いリビングルーム。

5 ｜ 航海中、スワロフスキーの双眼鏡で景色を眺めてみては。

6 ｜ お洒落なインテリアに溶け込む革製のテーブルゲーム。

7 ｜ 大理石をアクセントにした広いバスルームは全客室、床暖房付き。

Ocean Penthouses
オーシャンペントハウス

ペントハウス PH、デラックスペントハウス DP、プレミアペントハウス PP、グランドペントハウス GP
客室総面積：43〜68㎡（客室34〜47㎡、テラス9〜21㎡）

オーシャンフロントの大きな窓からの眺めを

床から天井まで広がるオーシャンフロントの窓を備え、4人用の上品なプライベートダイニングエリアと広々としたリビングエリアが特徴の「オーシャンペントハウス」。4タイプあり、このクラスにもインルームフィットネスの機器が付く。

1 ｜ ゆったりしたリビングを備えたオーシャンペントハウスの室内はタイプにより43〜68㎡。

2 ｜ プライベートテラスはタイプにより9〜21㎡と広々。

3 ｜ 上質なリネンが使われたベッドルーム。枕も好みのものが選べる。

Ocean Suites

オーシャンスイート

オーシャンテラススイート OT1-
OT4、オーシャングランドテラススイート GT
客室総面積：35〜39㎡（客室28㎡、
テラス7〜11㎡）

デイベッドのあるテラス付きで海を満喫

業界最大級の標準客室「オーシャンテラススイート」。広い専用テラスには、ゆったり寝転べるデイベッドが備えられているのが特筆。ダイソンのヘアドライヤーや、ベッドサイドにあるワイヤレススマホ充電器など、行き届いた快適性に注目だ。

4 ｜ 落ち着いた色調でゆったりと機能的な客室。

5 ｜ デイベッドが贅沢に置かれたプライベートテラス。

6 ｜ 朝食はもちろん、ルームサービスも24時間無料で注文できる。

7 ｜ バスルームは床暖房付きで、少し寒いエリアの航海中も快適。

8 ｜ ベッドサイドには置くだけでスマホを充電できる設備があり便利。

9 ｜ 風量が多くパワフルなダイソンのヘアドライヤーが全客室に備わる。

photo by Takahiro Motonami, text by Nami Shimazu

General Manager

Maarten Smeets

ジェネラルマネージャー

マーティン・スミーツ

The Ocean State of Mind とともに素晴らしい時間を

ゲストの皆さんがエクスプローラ I の料理や寄港地を体験され、何より私たちの客船がもたらす全ての美しい笑顔や極上の時間、そして The Ocean State of Mind（海とのつながり）の真髄を感じていただきたいと思っています。

乗船すると、ホストの笑顔とともにエクスプローラ ジャーニーならではの時間が始まる。

笑顔が素敵でホスピタリティにあふれる、フューチャー ジャーニー アンバサダー。

行列のストレスは無用のエクスプローラⅠでは、ゲストサービスも新しいスタイル。

レストランのアンソロジーでは、一つ一つの料理説明とともにディナーが繰り広げられる。

Destination Experiences

あなただけの寄港地体験を

訪れた土地の歴史文化、食の魅力を斬新な視点で発見する
エクスプローラ ジャーニーならではの創造的な寄港地体験を。

エクスプローラ ジャーニーの日帰り寄港地体験

BEYOND BOUNDARIES
未知の世界へ

本格的で再現が難しいアドベンチャーや、一生に一度の体験。世界の見方が一変する、未知の世界へと 足を踏み入れよう。

ENCHANTING EXPLORATIONS
小人数向けの探索

人数の少ないプライベートグループで貴重な瞬間を分かち合う、綿密に計画されたとっておきの限定ツアー。

DESTINATION ESSENTIALS
名所のハイライト

訪れるべき人気スポットや隠れた名所のハイライト数々を、優先的に効率よく巡ることができる。

TAILORED EXPERIENCES
オーダーメイドの時間

すべてがオーダーメイドで組まれるオリジナルツアー。本物志向の方向けの希少な体験をセレクトできる。

【寄港地体験例】ギリシャ・ヴォロス
神秘的なメテオラでトリュフ狩り

崖の上に建てられたメテオラ修道院の絶景、天然トリュフ狩り体験やランチなどを楽しむ。

ENCHANTING EXPLORATIONS

Model 1

ワイナリーで少人数のワイン試飲ツアー

北米西海岸の寄港地サンフランシスコから、アメリカで最も古い歴史を持つエステートワイナリーといわれるブエナ・ヴィスタへ。自家農園栽培のブドウで醸造したワインのテイスティングを楽しむ。

1 | ワインカントリーと呼ばれるカリフォルニア州のソノマカウンティ。

2 | 歴史を感じさせるブエナ・ヴィスタのテイスティングルーム。

3 | 今でも自然の重力のみで果汁を丁寧に扱って、ワインをつくるという。

4 | 1857年、アゴストン・ハラスティ伯爵がワイン醸造を始めたのが原点。

Model 2

厳選されたレストランで美食巡り体験

人口一人当たりのレストラン数がカナダで最も多く、美食の街と名高いビクトリアで、街の魅力を歩いて感じながら美味しいレストランを巡るグルメツアーへ。各店でワインやお酒とのマリアージュを楽しみ、フランス系の文化が息づく豊かな食と伝統を体験。

1 ｜ ハーバーにある歴史的な汽船ターミナルビルで、クラムチャウダーと地ビールを。

2 ｜ オリーブ、ナッツ、フルーツなどをワインと一緒に楽しみ、地元の食文化を知る。

3 ｜ 最後はスイーツとアイスワインのマリアージュ（フェアモント・エンプレス・ホテル）。

4 ｜ ベストソムリエ・ワインプログラム賞を受賞、品ぞろえが豊富なザ・コートニールーム。

5 ｜ 店員がサービスしてくれる熱々のチーズをパンと味わう（ラペロにて）。

6 ｜ 1908年に建てられたフェアモント・エンプレス・ホテルの優雅なティールーム。

5

6

Information

エクスプローラ ジャーニーの
問い合わせは各旅行会社へ

ジャーニーコレクションは右記のQRコードから
EXPLORAJOURNEYS.COM

EXPLORA I Deck Plan

エクスプローラ I デッキプラン

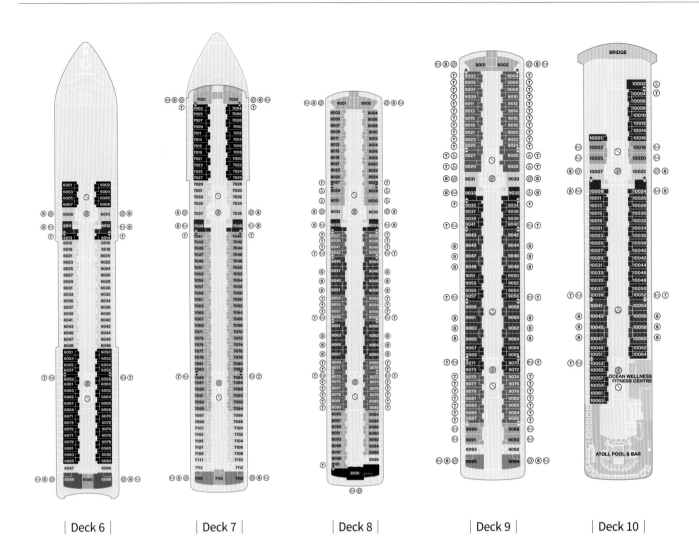

| Deck 6 | Deck 7 | Deck 8 | Deck 9 | Deck 10 |

スイート名	デッキ	スイートエリア合計 平方メートル	スイートエリア 平方メートル	テラスエリア 平方メートル
OR オーナーズ レジデンス	8	280	155	125
CR コクーン レジデンス	6	149	74	75
SR セレニティ レジデンス	9	126	60	66
	7	113	60	53
RR リトリート レジデンス	7	81	63	18
	8-9	77	63	14
CT コーブ レジデンス	6	80	56	24
	7-8 9-10	70	56	14
GP グランド ペントハウス	6	68	47	21
	7-8 9-10	60	47	13

スイート名	デッキ		スイートエリア合計 平方メートル	スイートエリア 平方メートル	テラスエリア 平方メートル
PP プレミア ペントハウス	8-9-10		52	42	10
DP デラックス ペントハウス	7		61	43	18
	6		53	43	10
	9-10		48	38	10
ペントハウス	6		48	34	14
	7-8-9		43	34	9
GT オーシャン グランドテラススイート	6-7		39	28	11
OT1 OT2 OT3 OT4 オーシャン テラススイート	OT1	6/7	35	28	7
	OT2	7/8			
	OT3	8/9			
	OT4	9/10			
					合計 461

Ship Data
エクスプローラⅠ
総トン数:63,900トン
全長/全幅:248/32メートル
就航:2023年

| Deck 3 |

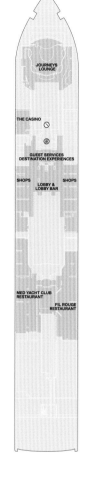

| Deck 4 |

| Deck 5 |

| Deck 11 |

| Deck 12 |

| Deck 14 |

 専用ワールプール

 ツインベッド

 ダブルソファベッド

 お客様用ランドリー

 階段

 車いす対応スイート

 バスタブ

 エレベーター

 コネクティングスイート

まだ見ぬ"ジャーニー"への船出―――

CRUISE Traveller

CRUISE Traveller Autumn 2024
9月中旬発売予定

Special Feature

オーセンティックシップ愛。

【authentic】本物の、伝統的な、確かな。
いつの時代も廃れることなく
さらに磨かれ、価値を高めるブランドがある。
今年デビューしたキュナードの最新船クイーンアン、
半世紀近くスモールラグジュアリーマーケットを
けん引するシードリーム1など
いま、オーセンティックスタイルの客船が新しい。

時代に左右されない
大人の船旅を。

特集タイトル・内容は予告なく変更になる場合があります。

CRUISE Traveller ONLINE
www.cruisetraveller.jp
CRUISE Traveller公式サイトでは
取材風景なども公開しています。

[ISBN 978-4908514-37-1]

CRUISE Traveller
Salon

横浜
はじめて
物語

北原照久

1948年生まれ。
ブリキのおもちゃコレクターの
第一人者として知られている。
横浜、河口湖畔、松島、
羽田空港第一ターミナルなどで
コレクションの常設展示を行っている。
テレビ、ラジオ出演のほか講演も多数。
株式会社トーイズ代表取締役。

1865年、横浜で日本初の歯医者が開業しました。

19 60年代に日本で作られたブリキのおもちゃです。硬いブリキに毛足の長い布を貼り付けて、動物らしさを作り出しています。布製白衣に赤いリボンネクタイ、額に反射鏡を付けたクマの歯医者です。鏡は反射を利用して口の中を明るくするもので、何年か前までは医師のトレードマークでした。動力はバッテリーで、治療をしているかのように機器の先端が点滅します。まるで独特な金属音が聞こえてくるようです。子どもにとって、治療が始まる前から泣けてしまうのが歯科医院でしょう。四角い台座の中に電池を入れるのですが、周りには虫歯で痛々しい表情と治療後の笑顔が描かれています。

このおもちゃは治療中の場面なので、子グマの泣き顔が変わることはありませんが、「必ず治るよ」という子どもたちへのメッセージが伝わります。大丈夫と言われるだけでも安心できますね。

横浜は、近代西洋歯科医学が始まった街。アメリカ人歯科医のイーストレーキが、1865年3回目の来日で、居留地108番に医院を開業して外国人たちの治療から始めたそうです。それまでの処置方法は痛み止めや抜歯でしたが、削って詰め物をするという治療は画期的でした。医院では日本人を助手に雇って技術を伝え、勤勉な日本人たちは向上心もあって、歯科医として育ったそうです。

当時、すでに高い技術を持ったアメリカから歯科医の来日ラッシュが起こり、多数の日本人が忠実に継承できる環境にもなりました。イーストレーキから始まった後進の育成、歯科医学の発展への尽力は、後に「近代歯科の父」と言われて称賛されています。治療方法だけではなく、現代に続く医学校開設、治療技術のさらなる向上、機器や資材の開発、歯磨きなどの予防まで、今日に続く近代歯科の第一歩だったと言えます。

photo by Yoshiomi Goto

さわやかな旅だち

名鉄観光

ラグジュアリー客船「エクスプローラⅠ」で航く

エーゲ海と地中海クルーズ 15 日間 ～トスカーナ、プロバンスを訪ねて～
2 名様より催行

MSCクルーズが新設したラグジュアリー・ブランド「エクスプローラ・ジャーニー」の1号船として2023年8月にデビューした「エクスプローラⅠ」によるエーゲ海、アドリア海の世界遺産めぐり

エクスプローラⅠの船内はオールインクルーシブ制を採用。船内での追加代金はほとんどありません。最上級の食へのこだわりも大きな特徴。ルームサービスも含めて10か所の豊富な選択肢があり、寿司バーも備えるアジア料理の「サクラ」を含むスペシャリティダイニングでのお食事とドリンクは無料。船内唯一の有料レストランでは、ミシュランの星を保有する有名店のシェフがお客様をもてなします。

寄港地	アテネ/ピレウス、イラクリオン/クレタ島、バレッタ/マルタ島、チビタベッキア/ローマ、リボルノ/フィレンツェ、モンテカルロ、マルセイユ/プロバンス、バルセロナ
客船	エクスプローラⅠ
期間	2024年10月29日～11月12日
料金	898,000～978,000円《2名1室利用》
出発地	東京、大阪、名古屋

2024年10月20日出発 エーゲ海、アドリア海の世界遺産めぐりクルーズ14日間の設定もございます。

新規会員大募集

My40s
マイ・フォーティーズ
―40歳からのクルーズ―

40歳からはじめる 憧れのクルーズ「クルーズに行ってみたいけど、40歳からでも参加できるの？」そんな気持ちを 一歩進めるための、名鉄観光は40歳からのクルーズを応援しています。日本、世界の客船の中から、あなたにぴったりのクルーズは必ずあるはず。今年こそはじめてのクルーズを実現させましょう。

会員特典

会員証の発行	名鉄観光クルーズ割引券 ¥3,000分 宿泊を伴うクルーズツアーを3,000円割引（※入会から1年間有効／入会時のみ発行）	特定ツアーの割引 名鉄観光が企画実施する特定ツアーを割引
Myフォーティーズ会員様向け、特別説明会のご案内	クルーズ船内見学会・食事会へのご案内	各種ツアー情報や先行販売などの配信

会費

入会金 ¥2,000 ※初年度のみ。それ以降の入会金、年会費無料	入会資格 40歳からクルーズを検討されている皆様 ※年齢、性別不問。	入会金支払い方法 お申し込みされた方にメールまたは郵送でご案内※クレジットカードあるいはお振込みでのお手続きとなります。

マイ・フォーティーズ入会申し込みフォーム
https://www.mwt.co.jp/mailform/mailform.php?formname=cruise_my40s

● 名鉄観光クルーズセクション
東京　TEL 03-6625-8181
（クルーズ専用ダイヤ
E-mail : meitetsu-cruise@mwt.

Cocktail

港町カクテルの誘い

東京湾の入り口に位置することから、江戸時代以降に国防の拠点とされ、軍港都市として栄えた横須賀。現在でもアメリカ海軍や海上自衛隊などの基地が置かれ、街を歩けば音楽が響きオープンな空気に包まれたバーやダイナーなどが点在し、アメリカンな雰囲気が味わえる街として人気を集めている。福岡県・新門司港とを結ぶ東京九州フェリーが2021年に就航したことでも、船の旅ファンにはおなじみだ。

訪れたバーは、横須賀の中心部である京急本線横須賀中央駅の一つ西側の汐入駅前、改札から歩いて数十秒という場所にある。オーナーバーテンダーの宮本健一さんが2001年12月に開いた、オーセンティックバー「BAR TWIN SOUL」だ。汐入駅は幾度も下車したことがあったが、スカジャン（横須賀ジャンパー）を生んだドブ板通りのにぎわいの印象しかなく、静かに過ごしたい大人にこそふさわしいこんな店があるとは想像外だった。

夕闇に包まれ始める開店少し前に足を運んだのだが、落ち着きある店構えがまず目を引いた。壁などは単なるコンクリート製ではなさそうだ。聞けば、この地にあった築100年以上という歴史ある米蔵を改装したもので、内装もみずから手掛け好みのテイストに仕上げたとのこと。宮本さんのこだわりはカクテルにも込められているはずと、期待が高まった。

「横須賀らしいカクテルとして、夏におすすめなのが、三浦半島特産の小玉スイカを使ったフルーツカクテル。スイカを搾ったフレッシュジュースにウオッカを合わせた、実にシンプルな1杯です」

水はけのよい土壌に恵まれた三浦半島は、キャベツや大根と並んでスイカの栽培が盛んだ。さまざまな品種が栽培されているなか、宮本さんが選ぶのは外の皮が薄く、甘みが強い小玉の品種。そのおいしさをダイレクトに味わってほしいと、余計なものをブレンドしない、"潔い"と称したい1杯に行きついたと語る。

確かに、口に含むと加糖していないとは思えないほどに甘い。グラスの縁に塩をまぶしたスノースタイルとあって、塩味も甘さを引き立てている。でも、精製糖類にはない、爽やかでさらりとした甘さが感じられ、しばらくするとウオッカのアルコール分が口の中をリセットしてくれる。アルコール分は10%ほどと飲みやすく、夕景のような色合いもいい。

こう飲み進めていくと、気温も湿度も高い真夏のシンガポールでの取材を終えた際、ラッフルズ・ホテルで名物カクテルであるシンガポール・スリングを飲み生き返ったことを思い出した。発汗によって失われた水分やミネラルを補給してくれるのはもちろん、爽やかな甘みが飲む手を進めてくれた。重厚な蔵造りのバーと爽やかな1杯——。港町のバーはまだまだ知られざる奥深さを秘めていることを知った。

今回の1杯
スイカのソルティドッグ

アメリカンな街の空気とは一線を画す
米蔵バーで見つけたフルーツカクテルとは？

海軍基地の影響を受けたアメリカ文化が息づく、神奈川県横須賀市でオーセンティックなバーを訪ねた。

今号の1杯はこちらでどうぞ

（上）スイカのソルティドッグ1500円
（中央）店内（下）店の入り口
BAR TWIN SOUL
神奈川県横須賀市汐入町2-44
Tel：046-828-6061
☎18:30〜24:00
（金・土曜は〜1:00、L.O.各15分前）
㊡日曜

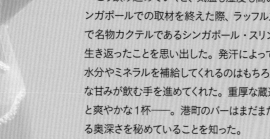

トラベルエディター
丹治たく

国内外を問わず、30年以上にわたって旅行取材を続ける旅行ジャーナリスト。執筆のほか撮影もこなし、単独での海外取材も多い。醸造家やバーテンダーなど、作り手が込めた思いを聞くことで酒の味わいが深まると、国内外のバーをめぐっている。編集プロダクション「ブラックフィッシュ」代表。

Wellness

　まばゆい太陽に輝く空と海、爽やかな海風を堪能できるクルーズバカンス。美しい時を過ごすこの舞台は、洋上という特別の場所だ。船のほかには空と太陽で自然以外には何もない。それだけに大自然と向き合う素晴らしさと怖さがある。この事実を知る女性、有馬佳奈さんに話を聞いた。有馬さんは現在東京大学の航空宇宙学科で流体力学を学ぶ才女で、将来はエンジニアを目指している。なおまた、今年1月にはミス日本コンテストでミス日本「海の日」に選ばれた。「海の日」というのは、海や船、港の魅力とマリンレジャーの楽しさを伝え、安全啓発活動を行なう。活動を通じ、海に出る機会も増えたし2級小型船舶免許も取得した。「自分で操縦すると、自然との一体感や海の力強さを感じることができ、感激しました」

　ところで、有馬さんの専門は航空宇宙学。クルーズとの接点はあるのだろうか?「実は船を真似したのが飛行機なのです。航空機が空気抵抗を減らして飛ぶことができる構造をリブレット構造と言い、船にも使われています。別名サメ肌構造とも言い、サメ肌ってザラザラしていますが、それが摩擦を減らすことができて、あるとき船底につけたら、ヨットのレースで優勝するほど効果が高かったのです。現在は飛行機にも応用する研究が進められています」

　さて、通常の観光の旅とは大きく異なるクルージング。満足するためには美容支度は重要だ。海面からの照り返しや追ってくる光。クルーザーに乗った後は肌にとって極限状態になる。有馬さんは陸に上がったらシャワーを浴び、肌や髪の毛の最上級ケアをする習慣ができた。そのときのアイテムは　エム・フーズの『薬酵泉薬用全身洗浄料』と『薬酵泉薬用全身オイルトリートメントセラム』。「洗浄剤は手に取った瞬間、濃厚さがわかり泡がきめ細やかで、しっかりと洗えます。日焼けした肌にはお風呂上がりのまだ肌に水分が残っているときに美容オイルを塗ります。しっとりと保湿され乾燥肌の私も大満足です」

　というのも、成分に生ロイヤルゼリーの保湿成分が入っており、有効成分トラネキサム酸も配合でメラニンの生成を抑え、シミやソバカスを防ぎ美白ケアもしてくれる。洗浄剤も美容液も、生ロイヤルゼリー以外にバラエキスや馬油、ツバキ油、カモミールエキスなどの保湿成分がたっぷりなのだ。

　『薬酵泉薬用全身洗浄料』は紺碧の空に映える白いフォルム。『薬酵泉薬用全身オイルトリートメントセラム』はゴージャスなブラウン&ゴールドのフォルムで気持ちも上がる。やけた肌をやわらかく包み込んだ美容セラムのバラのような華やか香りがお気に入りだとか。だんだんと暮れていく海と空。刻一刻と色と形を変えていく自然を、有馬さんはその手にとらえて味わい尽くしていた。「美」は「知」と同じで最初からあるものではなく学ぶことで身に付くのでは。筆者はそう気づかされた。

今回のテーマ
肌の洗浄と潤いケア

クルーズバカンスの美容支度は
贅沢に包まれるスキンケア

海風で乾燥した肌を
ロイヤルゼリーで潤す

人生の質を高める
ウエルネスの生活

薬酵泉薬用全身洗浄料
薬酵泉薬用全身オイルトリートメント
セラム
エム・フーズ https://www.mfoods.
co.jp/index.html

ミス日本コンテスト「海の日」
有馬佳奈
東大教養学部宇宙航空学科でエンジニアを目指し勉強中。2024年第56回ミス日本コンテストでは大賞に次ぐ賞の一つミス日本「海の日」に選ばれた。海洋関連イベントでのPR活動のほか、海上保安庁の安全啓発もおこなう。趣味は将棋、ピアノ、クラリネット。特技はドローンの電装技術。

ウエルネスライター
高谷治美
日本経済新聞『プラス1』の医療健康記事では最新医療から健康維持、よいウエルネスの提案について12年以上にわたり取材執筆を行う。また、国内外の生活文化・芸術・マナーなどを多角的に取材し、各界の著名人の人物記事、広告、書籍制作にも力を注ぐ。(一社)日本プロトコール&マナーズ協会の理事を務めている。

Economics

今回のテーマ **出入国審査**

ここに気をつけよう！出入国審査の注意点とコツ

記録的な円安もどこ吹く風、
海外旅行やクルーズの計画を立てている人も少なくないはず。
今号は、出入国審査の注意点とコツをまとめました。

旅慣れた人ならご存じの出入国審査CIQシーアイキュー。税関（Customs）、出入国管理（Immigration）、検疫（Quarantine）の頭文字をとったものです。

日本から海外へと出国する場合、保安検査のあと、出国審査に進みます。出入国をスムーズにするため、成田・羽田・中部・関空の大規模空港には自動化ゲートが用意されています。両手の人さし指の指紋の登録を事前に行うことで、帰国時もスムーズに自動化ゲートに進むことができます。利用登録はフライトの当日に空港で行います。ディスプレイの表示に従って、簡単な操作をするだけで登録が可能です。

顔認証ゲートも導入が進みました。IC旅券の保持者は事前の登録不要で、顔認証ゲートを通過できます。先述の大規模空港のほか新千歳や福岡、那覇の国際線に設置されています。

これらゲートを通過した場合は、出国スタンプは証印されません。スタンプが欲しい場合は、従来の審査ブースに進むか係員に伝えて証印をお願いしましょう。

日本も含め諸外国では、不法就労や不法滞在、はたまたテロの脅威を阻止・防止することを目的に、審査を厳格化させています。入国審査では脱帽、マスクやサングラスは事前に外しておくことです。

入国カードに不備があったり、入国審査官の質問に上手に答えられないと、別室で再審査となり足止めをくうことも。質問では、入国の目的を求められるので、観光なのか商用なのか、滞在期間や宿泊するホテル名、帰国便を、英語で説明できるようにする必要があります。滞在期間が4泊なら、「フォー・ナイツ」と答えます。言葉に不安があった場合は、これらを証明できる英文行程表などを紙に印刷して機内持込手荷物に入れておくとよいでしょう。クルーズ乗船前の入国の場合は、クルーズの航程表と乗船チケットをプリントしておくと、何か尋ねられたときに役立ちます。入国審査ではスマホの操作ができないのが一般的です。

ハワイ・ホノルルのダニエル・K・イノウエ空港では、若い日本人女性が売春目的ではないかと入国を拒否されたケースが散見され、近ごろ話題になりました。入国審査のときは肌の露出を控え、審査官の目をみてきちんと受け答えをするようにしてください。

諸外国のハブ空港には、入国審査で指紋登録や顔写真の撮影機がずらりと並んでいることも。例えばタイ・バンコクのスワンナプーム国際空港では、入国時、十指の指紋登録が義務付けられています。円安の影響で、家族旅行は欧米豪を避けて近場の韓国・台湾をめざす人が増えています。韓国は検疫情報事前入力システムのQ-CODEが廃止、電子渡航認証K-ETが免除のうえ手続きが簡素化されました。台湾出入国管理局では、インターネットで入国カード（アライバルカード）を提供しているので、事前に用意しておくとよいでしょう。

オリンピック開催の夏のフランスを個人で訪問する場合は、混雑することが予想されるので留意してください。フランスはシェンゲン協定加盟国のため、出入国審査なしで隣接するスペインやイタリア、スイス、ドイツに移動可能です。ボン・ヴォヤージュ！

**事前準備で
スムーズな審査を**

出入国審査にはプリント・アウトした旅程表、宿泊先のホテルの情報などをパスポートと一緒にきちんと用意しておこう。事前準備はスムーズな旅のポイントだ。

淑徳大学　学長特別補佐
経営学部観光経営学科　学部長・教授

千葉千枝子

中央大学卒業後、銀行勤務を経てJTBに就職。1996年有限会社千葉千枝子事務所を設立、運輸・観光全般に関する執筆・講演、TV・ラジオ出演などジャーナリスト活動に従事する。国内自治体の観光審議委員のほかNPO法人交流・暮らしネット理事長、中央大学の兼任講師も務める。

クルーズで行くいわての旅

CRUISE to IWATE

黄金の國、いわて。

【お問い合わせ】
岩手県 港湾空港課
電　話：019-629-5864
メール：AG0012@pref.iwate.jp

News & Topics

クルーズトラベラーのための
情報コレクション

飛鳥II「2025年世界一周クルーズ」発表

郵船クルーズは、飛鳥IIによる「2025年世界一周クルーズ」の実施を発表。同船での最後の世界一周クルーズとなり、今後は2025年就航予定の「飛鳥III」へと引き継がれる予定。2025年3月横浜、4月神戸を出港し、7月に同地に帰港する103日間の日程で、12カ国18港を巡る。主な寄港地はケープタウン、ルーアン、ニューヨーク、ホノルルなどで、マサトラン（メキシコ）が初寄港地となる予定。

■問い合わせ　郵船クルーズ
https://www.asukacruise.co.jp

MITSUI OCEAN FUJIデビュークルーズ発表

MITSUI OCEAN CRUISESは、2024年12月に就航する新船「MITSUI OCEAN FUJI」のデビュークルーズとして、2024年12月1日から2025年1月8日にかけて関東、中部、関西を拠点に計6本のクルーズを運航。寄港地は別府、新宮、高知、高松、鹿児島、韓国の釜山や済州島など。クルーズ期間は5日から10日程度で、「ニューイヤークルーズ」は横浜発着で済州島、釜山、長崎、別府、広島などを回る予定。

■問い合わせ　商船三井クルーズ
https://mol-cruises.jp

HALの客船ウエステルダム、横浜に寄港

ホーランドアメリカライン（HAL）の客船「ウエステルダム」が2024年春に横浜発着クルーズを実施、3月30日にメディア向けの船内見学会を実施した。ビスタクラス第3船であり、82,862トン。「洋上の美術館」と言われる通り、アート作品が点在する優雅な船内。見学後のセミナーでは、75年の歴史がある同社のアラスカクルーズについても紹介された。グレーシャーベイ国立公園への寄港回数はどの船社よりも多いという。

■問い合わせ　セブンシーズリレーションズ
https://www.hal-cruise.jp

オーシャニアクルーズのマリーナ、改修完了

オーシャニアクルーズの客船マリーナの大規模改修が完了。ビスタで初導入されウェルネスにフォーカスしたアクアマールキッチン、ミルクセーキやスムージーが飲めるプールサイドのアイスクリームパーラー、本格的イタリアンの屋外ダイニング・ピッツェリアが新設された。2025年7月に就航予定のアリューラが加わると、8隻全船が最新船に匹敵するレベルの設備仕様となる。

■問い合わせ　オーシャニアクルーズ
https://jp.oceaniacruises.com

プリンセスクルーズ、サンクチュアリ・コレクションを導入

プリンセスクルーズが2024年10月より、サンプリンセスとスタープリンセスにリラクゼーション体験を強化した新カテゴリー「サンクチュアリ・コレクション」を導入すると発表。同プログラムに予約の乗客は、最上階の専用リトリート・エリアを利用できるほか、プライベートダイニングやプリンセス・プレミアの特別サービスなどの体験が用意される。16歳以上の大人が対象。

■問い合わせ　プリンセスクルーズ
https://www.princesscruises.jp

バイキングオリオン、東京港に寄港

バイキングクルーズが運航する客船「バイキングオリオン」が4月22日、東京港に寄港。23日に見学会が実施された。同船は、レストラン、屋根付きメインプール、ラウンジ、スパ施設などを備える。バイキングクルーズは北欧をルーツとし、落ち着いたノルディックデザインが魅力。2024年秋からバイキングエデンによる神戸発着クルーズを実施する予定。

■問い合わせ　バイキングクルーズ
https://www.vikingcruises.com/

セレブリティクルーズ、WEBサイトリニューアル

クルーベル・コミュニケーション・ジャパンが、セレブリティクルーズのオフィシャルWEBサイト（日本語）をリニューアルし、客船、設備、Q&Aなどの情報を拡充。ニュースリリースなど最新情報、ブログ特集記事（アラスカ特集作成中）も更新していく。2024年春よりセレブリティミレニアムが日本発着クルーズに長期配船しており、日本発着に関する情報、乗船記事なども随時発信する予定。

■問い合わせ　クルーベル・コミュニケーション・ジャパン
https://celebrity-jp.com/

パンダウエクスペディション、ホーチミンで乗下船可能に

アジア・リバークルーズのパイオニアである、パンダウエクスペディションのメコン川クルーズは、2024年9月よりホーチミン市街中心部で乗下船可能になった。これまではホーチミン市からミトーの乗船場所まで2時間のバス移動が必要だったが、今後は街の中心部で乗船または下船ができるようになった。長くゆったりと歴史的なチョーガオ運河を航行しながら、ユニークで本格的な体験ができる。

■問い合わせ　オーシャンドリーム
https://pandaw.oceandream.co.jp

BMWが麻布台ヒルズに「FREUDE by BMW」オープン

BMWがブランドストア「FREUDE by BMW」を東京の麻布台ヒルズにオープン。ストア内には、テーマに合わせて、世界的に希少価値が高いモデルを展示、日本とドイツの食文化を融合させたメニューが楽しめるカフェ＆バーも併設。2階には完全予約制となる席数席の日本料理レストランや特別な体験ができるアトリエ、BMWブランドの世界観に合ったインテリアやアートを展示したラウンジも。

■問い合わせ　FREUDE by BMW
https://www.bmw.com/ja/freude-by-bmw.html

Opinion

今回のテーマ
真新しい
船との出会い

あのMSCが手掛ける
ラグジュアリー船、
エクスプローラ ジャーニー、始動

今注目のラグジュアリー船、エクスプローラ ジャーニーとは？
新しいコンセプトを取り入れた話題の客船の魅力を紹介。

ク ルーズの仕事に就いて、最も心躍る瞬間のひとつは真新しい船との出会いである。

イタリアのMSCクルーズが手掛けるラグジュアリー船、エクスプローラ ジャーニーが昨年1隻目を就航させた。MSCの船にはヨットクラブという特別フロアがあり、人気がとても高い。そのヨットクラブを1隻の船にしたかのような贅沢な船がエクスプローラIだ。

ラグジュアリー船というと、豪華なインテリア、ちょっと気取ったサービス＝船客に緊張感を強いることもあるのだが、私が乗船したエクスプローラIは、ひたすらリラックスムード、高級ホテルというよりは、洋上のもう一つの家、それほどくつろげる船であった。なぜもう一つの家と感じたのだろうか？　ひとつは客室が広い。だから本当に自宅で過ごすように本を読んだり、テレビを見たり、テラスで昼飲みしたり。クルーズだからショーを見たり、アクティビティに参加しなければいけないということはない。パブリックスペースもいい感じでのんびりムード、きちっとトレーニングされたクルーだが、程よい距離間でソフトな物言いであたたかいサービスを供してくれる。レストランのバリエーションは、メイン、ビュッフェ、ステーキ、地中海料理、和食、数カ月ごとに交代でスターシェフがふるまう唯一の有料レストランと多彩。つまり1週間のクルーズで1回ずつ行くぐらいのバリエーションだ。アルコール類、チップ、Wi-Fiなどオールインクルーシブ。（エクスカーションは有料）船内のインテリア、さすがのイタリア船、シックな色合いだが曲線を多用し、ライティングも上手い。

そしてクルーズ船といえば最上階は少々退屈な造りの船もあるのだが、この船は最上階がとても楽しい。最上階＝オープンデッキのことで、随所にプールやジャグジー、バーがある。船会社はヨットスタイルという言葉を少し使っている。ヨットスタイルとは、あたかも自身が豪華クルーザーのオーナーであるかのような、贅沢かつプライベート感覚あふれる船旅のことと私は紹介している。イメージする船社はシードリームヨットクラブやポナンなど大きくても1万トンまで。エクスプローラIは約6万4000トンとヨットスタイルを標榜するにはかなり大きい。しかし今ラグジュアリー船はこの5〜6万トンクラスが主流だ。その最大のメリットはある程度の大きさがあるため揺れが少ないこと、そしてパブリックスペースが充実していること。特にエクスプローラIは、6万4000トンの大きさで船客わずか900名程度と少ない。だから部屋も広く、混雑は皆無。いろんな魅力が詰まった船だが、個人的には和食レストランのランチで毎日和食がいただけることがうれしい。

今思うことは、洋上にもう一つの家を持てたことの喜び。家＝心地いい場所だから、時々帰りたくなる。早速お客様とご一緒するコースを探し、来年F1モナコグランプリを観戦し、翌日モナコから乗船、地中海のバカンス気分を満喫できるリゾートアイランドをホッピングするコースに決めた。しかしそれは来年5月のこと、それまでは待てない。今年中にもう一度洋上の我が家に帰りたい。今年の夏の終わりごろのヨーロッパでのコースを狙っている。

我が家のような
心地良い船内

（上）スペースにゆとりがあり、居心地が良い客室。本を読んだり、テラスで昼飲みしたり、自分の家でくろいで過ごしているような気分になれる。（下）船の中心にあるロビーバー。オールインクルーシブなのでバーでの楽しみも多い。

マーキュリートラベル代表
東山 真明
マーキュリートラベル代表。ボナン、シードリーム・ヨットクラブ、サガといった個性派のスモールシップに傾倒、年間70日程度、日本からのゲストと洋上で過ごす。大阪市出身。

東山真明ウェブサイト

Back issues

世界のクルーズシーンを紹介する季刊誌

定価1,650円／2022年12月号以前は定価1,320円（税込み）

2024年3月
心動く、
島旅へ
ISBN978-908514-35-7

14,125の島があるといわれる日本。島ならではの文化、歴史、美食などそこでしか体験できない魅力を探しに、五島列島、伊豆大島などを訪ねて。

2023年12月
実力派の
客船とは？
ISBN978-908514-34-0

いま乗るべき客船をテーマに、2024年5月就航予定のキュナードの新造船クイーンアンを始め、各カテゴリーにおける注目すべき客船を総力特集。

2023年9月
九州は
クルーズ日和。
ISBN978-908514-33-3

多様な風土に育まれた九州はそれぞれのデスティネーションが個性的で、魅力に富んでいる。その九州の[Bliss]＝無上の喜びを探す旅に出た。

2023年6月
MSCベリッシマの
トリセツ
ISBN978-908514-32-6

華やかな雰囲気と充実したダイニング＆エンターテインメントで話題のMSCベリッシマを徹底取材。日本を巡る最大の客船を紹介する完全保存版。

2023年3月
クルーズ
絶景めぐり
ISBN978-908514-31-9

厳しい自然の中で輝く、一生に一度の絶景を探しに。人気高まるラグジュアリークルーズブランドで行く南極クルーズを軸とした絶景をめぐる船旅を紹介。

2022年12月
船上の
感動エンゲージメント
ISBN978-908514-30-2

優雅で豪華を越えた、新しい時代のクルーズスタイルとは。世界のクルーズラインの取り組みを展望し、「クルーズ2.0」時代を探ってみた。

2022年9月
サザンアイランズが
呼んでいる。
ISBN978-908514-29-6

世界の海に浮かぶ島々は実に表情豊か。大自然が創り出す絶景、文化、伝統に触れる島、タヒチ、ハワイ、南西諸島など世界のアイランズを客船で巡ってみた。

2022年6月
MSCクルーズ、
50の物語。
ISBN978-908514-28-9

最新の大型客船を日本に就航させるなど、今一番注目されるクルーズラインの現在、過去、未来をひもとき、その魅力に迫る完全保存的ブランドブック。

2022年3月
心を解放する、
絶景航海へ。
ISBN978-908514-27-2

地球が創り出した「絶景」には、心を癒やし、活力をもたらす力があるという。大自然に臨み、より元気に生きるためのクルーズの全てを紹介。

クルーズトラベラーから生まれた小さなブックシリーズ

上田寿美子の
クルーズ！万才
ISBN978-4-908514-10-4

テレビでおなじみ上田寿美子によるエッセイ集。45年の乗船経験をもとに船旅の素晴らしさを楽しく紹介。

定価1,760円

飛鳥ダイニング
ISBN978-4-908514-05-0

日本の名船、飛鳥Ⅱ。大人たちを楽しませてきた料理、空間、もてなし術から美食の歴史までを一挙公開。

定価2,200円

極上のクルーズ手帳
ISBN978-4-908514-02-9

クルーズコーディネーター喜多川リュウが長年の乗船経験を基にまとめたクルーズ解説書の決定版。

定価1,760円

ONE OCEAN
by Kazashito Nakamura
ISBN978-4-9907514-9-4

写真家・中村風詩人によるファースト写真集。世界3周分を航海して撮り続けた水平線が一冊の本に。

定価2,420円

■バックナンバーのお求めは

A ＞お近くの書店にてご注文ください。
各刊のISBNコードをお伝えいただくとスムーズにご注文いただけます。

B ＞ *honto* honto.jpでもご注文可能です。

| すべて▼ | クルーズトラベラー | 検索 |

クルーズトラベラーで検索すると一覧が表示されます。

バックナンバーに関するお問い合わせ先

クルーズトラベラーカスタマーセンター
〒104-0061
東京都中央区銀座6-14-8
銀座石井ビル4F
TEL.0120-924-962（土日祝を除く平日10時〜15時）

Gadget

この10年ほどで大きく進化したクルーズ客船。施設やサービスもしかりだが、さまざまな小物が揃うショップこそが、実は最も進化したスポットではないかと僕は感じている。そもそもギフトを船内で買い求めるという風習のない海外の旅行者を対象にしたショップゆえに、船内の日常で使う洗面用品や風邪薬に並んでロゴ付きのTシャツやベースボールキャップが並んでいるという光景が定番だった。それでも「記念に何か」買い求めるのが我々日本人。赤、黄、そしてなぜか必ずラインアップにあるフラミンゴピンクのTシャツに恐る恐る手を伸ばし、体に当ててみる。街では絶対に着こなせないキャンディーのような生地の色合いもさることながら、そのサイズ感に絶望して、そっと棚に戻した読者も多くいたことと思う。

衣料品を船で買うのはありえないと意識付けされて久しいある日、MSCクルーズのロゴショップを取材で訪れたときのこと。真っ先に目が留まったのがアパレルの商品棚だった。キャンディーカラーの商品は1点もなく、陳列されているのはネイビーとホワイトの商品のみ。胸に大きな「MSC」というロゴの刺繍がどことなくサッカーイタリア代表のユニフォームを思わせるジップ式のトップスが気になった。「でも、サイズ感がなあ……」と思いながら試着してみる。さすがMSCクルーズはヨーロッパ発のブランド、ちょっとタイトな身幅で素晴らしい。これなら、街でも格好よく、かつクルーズファンだとさりげなくアピールもできる逸品だと感じた僕は、それ以降も乗船するたびに数枚買い求めて、街で、オフィスで着こなしている。

最近、船内ショップの進化を実感したことをもう一つ。この春、お披露目されたばかりのキュナードの新造船、クイーンアン、その

船内を取材していると、アフタヌーンティーセレモニーで人気のクイーンズルーム横にある螺旋階段上にロゴショップを発見した。「これはイケるのでは?!」と思わせるショップの雰囲気に吸い寄せられ足を踏み入れる。結果、軽い興奮とともにいくつかのアイテムを大人買いしてしまった。ブランドカラーである黒、赤、そしてロゴは金で統一された多くのアイテムは僕だけでなく、日本のクルーズファンも心躍るものばかりのはずだ。特にお気に入りはエナメル調で光沢のある小型のトートバッグ。昔、ロンドンの某百貨店でギフト用に買い求めた方も多いと思うあのバッグのキュナード版といえばよいだろうか? ランチボックスを入れるのに最適なサイズで内側に小さなポケットと収納品が落ちないようシルバーの留め具も備えるという小技も。サイズといい、色といい、シガー道具を持ち歩く際に最適と直感した僕は複数枚買い求めたのだ。他にも小型のショルダーバッグ、携帯用の傘、日記帳などおしゃれに普段使いできるアイテムがずらりと揃う。船のショップはいつの間にか、土産物屋からオリジナル商品が並ぶブティックに進化していると強く実感した。

使えるモノがちらほらと

充実してきた船内ショップのプロダクツ。

本誌編集長
茂木政次
雑誌編集者。大学卒業後、旅行会社にて商品企画、マーケティング業務に従事。その後、東京ニュース通信社に入社、クルーズ情報誌「船の旅」編集部に配属。2007年より同誌編集長に就任。2012年に本誌創刊に参画。クルーズオブザイヤー選考委員、三越クルーズファッションカタログ監修なども務める。

〈今回の逸品〉
CRUISELINE LOGO GOODS
クルーズライン ロゴグッズ

帰国後にさりげなく使える逸品たち

MSCロゴが格好いいコットン製のトップス(写真左)。少しタイトな作りなのでジャケットの下に合わせる着こなしで楽しんでいる。背中に小さくイタリア国旗があしらわれているのもポイント。キュナードのロゴ付きアイテムはあのロンドンの百貨店が展開するラインアップを思わせる。黒がベースのアイテムばかりなので難なく大人が街で使うことも。

(上) 今回大人買いしたトートバッグと携帯用の傘。伝統のロゴゆえか、なかなかの雰囲気で所有欲を満たす逸品。それぞれ作り込みもしっかりしており、ショップでは気付かなかったが、傘の裏地もしゃれた柄で彩られており(写真下)、ブランドのこだわりが垣間見える。

自然を全身で感じる「みちのく潮風トレイル」～宮古港

全線開通5周年を迎えた「みちのく潮風トレイル」。東北太平洋沿岸をつなぐ総延長1025kmのうち、宮古市内のトレイルコースは約100km。国の名勝「浄土ヶ浜」など、三陸ジオパークのジオサイトやさまざまな表情を見せる美しい宮古の自然を楽しめるのが魅力です。初心者～上級者のコースバリエーションも豊富。ぜひ、潮風を感じながらのハイキングをお楽しみください。
■宮古市HP
https://www.city.miyako.iwate.jp/kanko/trail_town_miyako.html

2024年第42回蒲郡まつり～三河港

蒲郡で毎年夏に開催される最大のイベント「蒲郡まつり」が今年も7月の最終週の7月27日（土）・28日（日）の2日間で開催されます！ 初日の土曜日は、「蒲郡ときめきサタデー」と称してさまざまな催しを開催し、日曜日には蒲郡市民会館での催事の他、蒲郡まつりのフィナーレを飾るのは、納涼花火大会です。太平洋岸最大級の打ち上がったときに直径約650mにも広がる正三尺玉3発は迫力満点です。是非蒲郡にお越しください！
■蒲郡まつりホームページ
https://gamagorimatsuri.com/

ついに完成！ 新ターミナル～大阪港

5月1日、大阪港の天保山客船ターミナルがついにリニューアルオープンしました。生まれ変わった新しいターミナルは、3階建てで延床面積5785㎡と旧ターミナルの約2倍の広さで、スムーズなCIQやターンアラウンドが可能となり、バリアフリーにも配慮しています。すでにこの新ターミナルでのクルーズ客船受け入れを開始しており、たくさんのお客様にご利用いただいております。ターミナルのリニューアルオープンにより、大阪港をご利用いただく皆様のさらなる利便性、満足度の向上に努めます。

楽しい港スタイル
集めました

rui+tonami

[ルイタス-トナミ]

「港スタイル」逆さま読みの当コーナーでは、楽しい、美しいの集積地にっぽんの港の旬な情報を紹介しています。

世界の宝石　瀬戸内海へ「出逢い、つながる90年」～高松港

いくつもの島が浮かぶ穏やかな海、陽光にきらめく水面、朝焼けの静かな波、郷愁を誘う夕景。「世界の宝石」と称される瀬戸内海は、昭和9年3月16日、日本で最初の国立公園に指定され、今年で90周年を迎えました。香川県では、この節目に、その魅力を県内外に広める取り組みとして、さまざまな記念イベントを開催しています。皆さまのお越しをお待ちしております。
■瀬戸内海国立公園指定90周年記念事業HP
https://www.pref.kagawa.lg.jp/seisaku/seisaku/seto90/seto90.html

だし香る煮干しパスタの店「タスパスタ」～鹿児島港

マリンポートかごしまから約2km運動にいい距離にある宇宿商店街。商売繁盛の神様を祀る神社や、飲食店も多くラーメンの激戦区。その中に鹿児島では珍しい煮干しパスタの店「タスパスタ」があります。数種類の煮干しや、10種類以上の食材が入っている、こだわりの一皿。くせのない魚の旨味で煮干しの苦手な方でもおいしくいただけます。クルーズ客からも好評。煮干しとパスタの意外な組み合わせをお楽しみください。
■「タスパスタ」インスタグラム
https://www.instagram.com/tasupasta

やつしろ全国花火競技大会～八代港

「やつしろ全国花火競技大会」は、毎年10月第3土曜日に開催されており、今年は10月19日（土）に予定されています。西日本を代表する全国花火競技大会であり、全国有数の花火師が技を競い合う見応えのある大会です。また、大会の名物である「ミュージック花火」では無数の花火が音楽に合わせて夜空に咲き乱れ、見る者を魅了します。競技大会だからこそ鑑賞できる日本最高水準の花火をお楽しみください。
■やつしろ全国花火競技大会HP
https://8246.kinasse-yatsushiro.jp/hanabi/

「門司港彩華」提供：伊藤 晋慈

第37回（2024年）関門海峡花火大会～北九州港

「関門海峡花火大会」は、毎年8月13日に関門海峡を挟む福岡県北九州市の門司港と、山口県下関市の両岸から打ち上げられる全国でも珍しい花火大会です。海峡の真夏の夜空を彩る約1万5000発の花火は圧巻の一言で、毎年多くの見物客でにぎわいます。ご来場される方は、観覧席のチケットをお買い求めください。真夏の北九州へ、ぜひお越しください。
■関門海峡花火大会実行委員会門司HP
https://www.kanmon-hanabi.love/

Cruise Line Directory クルーズラインディレクトリー

AsukaⅡ
ゆとりの空間で楽しむ
日本最大級の客船

郵船クルーズ	t	乗客定員	乗組員数	全長	全幅	就航・改装
AsukaⅡ 飛鳥Ⅱ	50,444	800	470	241	29.6	2006

郵船クルーズ
TEL. 0570-666-154
http://www.asukacruise.co.jp

Nippon Maru
伝統を受け継ぐ
和のおもてなし

商船三井客船	t	乗客定員	乗組員数	全長	全幅	就航・改装
Nippon Maru にっぽん丸	22,472	524	230	116.6	24	2010

商船三井客船
TEL. 0120-791-211
http://www.nipponmaru.jp

guntû
せとうちの海に浮かぶ、
ちいさな宿

せとうちクルーズ	t	乗客定員	乗組員数	全長	全幅	就航・改装
Guntû ガンツウ	3,013	38	—	81.2	13.75	2017

せとうちクルーズ
https://guntu.jp

Carnival Cruise Line
"ファンシップ"が合言葉、
世界最大のクルーズライン

カーニバルクルーズライン	t	乗客定員	乗組員数	全長	全幅	就航・改装
Carnival Conquest カーニバルコンクエスト	110,000	2,980	1,150	290.17	35.36	2002
Carnival Breeze カーニバル ブリーズ	130,000	3,690	1,386	306	37.19	2012
Carnival Sunshine カーニバルサンシャイン	102,853	3,002	1,040	271.88	35.36	2013
Carnival Dream カーニバルドリーム	130,000	3,646	1,367	306	35.36	2009
Carnival Elation カーニバルイレーション	71,909	2,190	900	260.6	31.39	1998
Carnival Freedom カーニバルフリーダム	110,000	2,980	1,150	290.17	35.36	2007
Carnival Glory カーニバルグローリー	110,000	2,980	1,150	290.17	35.36	2003
Carnival Horizon カーニバルホライズン	133,500	3,960	1,450	321.56	37.19	2018
Carnival Legend カーニバルレジェンド	88,500	2,124	930	293.52	32.3	2002
Carnival Liberty カーニバルリバティ	110,000	2,974	1,160	290.17	35.36	2005
Carnival Magic カーニバルマジック	130,000	3,690	1,367	306	35.36	2011
Carnival Miracle カーニバルミラクル	88,500	2,124	930	293.52	32.3	2004
Carnival Panorama カーニバルパノラマ	133,500	4,008	1,450	321.56	37.19	2019
Carnival Paradise カーニバルパラダイス	71,925	2,124	920	260.6	31.39	1998
Carnival Pride カーニバルプライド	88,500	2,124	930	293.52	32.3	2002
Carnival Spirit カーニバルスピリット	88,500	2,124	930	293.52	32.3	2001
Carnival Splendor カーニバルスプレンダー	113,300	3,012	1,150	290.17	35.36	2008
Carnival Sunrise カーニバルサンライズ	101,509	2,984	1,108	272.19	35.36	2019
Carival Valor カーニバルヴァラー	110,000	2,980	1,180	290.17	35.36	2004
Carnival Radiance カーニバルラディアンス	101,509	2,984	1,108	272.19	35.36	2021
Carnival Vista カーニバルビスタ	133,500	3,934	1,450	321.56	37.19	2016
Mardi Gras マルディグラ	180,800	5,282	1,735	344.42	41.76	2021
Carnival Luminosa カーニバルルミノーザ	92,720	2,260	926	293.83	32.31	2022
Carnival Celebration カーニバルセレブレーション	183,521	5,374	1,735	344.42	41.76	2022

アンフィトリオン・ジャパン
TEL. 03-3832-8411
http://www.amphitryon.co.jp

Celebrity Cruises
きめ細かなサービスが売りの
エレガントなクルーズ

セレブリティクルーズ	t	乗客定員	乗組員数	全長	全幅	就航・改装
Celebrity Apex セレブリティエイペックス	129,500	2,910	1320	306.01	39.01	2020
Celebrity Ascent セレブリティアセント	141,420	3,260	1,400	327.05	39.01	2023
Celebrity Beyond セレブリティビヨンド	140,600	3,260	1,400	327.05	39.01	2022
Celebrity Constellation セレブリティコンステレーション	90,940	2,184	1,022	294.13	32.3	2017
Celebrity Eclipse セレブリティイクリプス	122,000	2,852	1,286	317.29	36.88	2015
Celebrity Edge セレブリティエッジ	129,500	2,918	1,320	306.01	39.01	2018
Celebrity Equinox セレブリティイクノス	122,000	2,852	1,290	317.29	36.88	2019
Celebrity Flora セレブリティフローラ	5,739	100	80	101.49	17.06	2019
Celebrity Infinity セレブリティインフィニティ	90,940	2,170	1,024	294.13	32.3	2015
Celebrity Millennium セレブリティミレニアム	90,940	2,218	1,024	294.13	32.3	2019
Celebrity Reflection セレブリティリフレクション	126,000	3,046	1,293	319.12	37.49	2018
Celebrity Shilhouette セレブリティシルエット	122,400	2,902	1,285	319.17	36.88	2020
Celebrity Solstice セレブリティソルスティス	122,000	2,852	1,284	317.29	36.88	2016
Celebrity Summit セレブリティサミット	90,940	2,218	1,027	294.13	32.3	2019
Celebrity Xpedition セレブリティエクスペディション	2,842	48	58	90.22	14.93	2018
Celebrity Xploration セレブリティエクスプロレーション	3,195	16	12	29.96	11.18	2017

クルーベル・コミュニケーション・ジャパン
http://celebrity-jp.com

Cunard
英国の誇りと伝統を感じる
クルーズライン

キュナード	t	乗客定員	乗組員数	全長	全幅	就航・改装
Queen Anne クイーンアン	113,000	2,996	1,225	323	35.6	2024
Queen Elizabeth クイーンエリザベス	90,400	2,092	1,003	294	32.25	2010
Queen Mary2 クイーンメリー 2	151,400	2,620	1,253	345	41	2004
Queen Victoria クイーンヴィクトリア	90,000	2,000	1,001	294	32.3	2007

キュナードライン ジャパンオフィス
http://www.cunard.jp

t…トン(t) 　乗客定員(人) 　乗組員数(人) 　全長(m) 　全幅(m) 　就航・改装(年)

Costa Cruises
陽気なイタリアンスタイルが魅力、アジアクルーズも充実

コスタクルーズ	t	🏛	👥	↕	↔	⛴
Costa Deliziosa コスタデリチョーザ	92,600	2,826	934	294	32.3	2010
Costa Diadema コスタディアデマ	132,500	4,947	1,253	306	37.2	2014
Costa Favolosa コスタファボローザ	114,500	3,800	1,100	290	35.5	2011
Costa Fascinosa コスタファシノーザ	113,200	3,800	1,100	290	35.5	2012
Costa Firenze コスタフィレンツェ	135,500	5,200	1,280	323.5	37.2	2021
Costa Fortuna コスタフォーチュナ	103,000	3,470	1,027	272	35.5	2003
Costa Pacifica コスタパシフィカ	114,500	3,780	1,100	290	35	2009
Costa Smeralda コスタスメラルダ	182,700	5,224	1,646	337	42	2019
Costa Toscana コスタトスカーナ	183,900	5,200	1,678	337	42	2021

コスタクルーズ
http://www.costajapan.com
https://www.costacruises.com

Disney Cruise Line
ディズニーの世界を満喫できるクルーズライン

ディズニークルーズライン	t	🏛	👥	↕	↔	⛴
Disney Dream ディズニードリーム	128,000	4,000	1,458	340	38	2011
Disney Fantasy ディズニーファンタジー	128,000	4,000	1,458	340	38	2012
Disney Magic ディズニーマジック	83,000	2,400	975	294	32	1998
Disney Wonder ディズニーワンダー	83,000	2,400	975	294	32	1999

郵船トラベル
TEL. 0120-55-3951
http://www.ytk.co.jp/dis/index

Emerald Cruises
プライベート感のあるヨットでユニークな寄港地へ

エメラルドクルーズ	t	🏛	👥	↕	↔	⛴
Emerald Azzurra エメラルドアズーラ	5,300	100	76	110	28	2022
Emerald Sakara エメラルドサカラ	5,300	100	76	110	28	2023

セブンシーズリレーションズ
TEL. 03-6869-7117
https://www.sevenseas-relations.com

Holland America Line
美術館のような内装も魅力のクルーズライン

ホーランドアメリカライン	t	🏛	👥	↕	↔	⛴
Eurodam ユーロダム	86,273	2,104	929	285.3	32	2008
Koningsdam コーニングズダム	99,500	2,650	—	297	35	2016
Nieuw Amsterdam ニューアムステルダム	86,273	2,104	929	285	32.2	2010
Nieuw Statendam ニュースタテンダム	99,500	2,666	—	297	35	2019
Noordam ノールダム	82,318	2,457	800	285	32.21	2006
Oosterdam オーステルダム	82,305	1,916	817	285	32.22	2003
Rotterdam ロッテルダム	99,836	2,668	—	297	35	2021
Volendam フォーレンダム	61,214	1,850	615	237.91	32.25	1999
Westerdam ウエステルダム	82,348	2,455	817	285.24	32.21	2004
Zaandam ザーンダム	61,396	1,850	615	237	32.25	2000
Zuiderdam ザイデルダム	82,305	2,387	817	285.42	32.25	2002

セブンシーズリレーションズ
TEL. 03-6869-7117
https://www.sevenseas-relations.com

MSC Cruises
地中海生まれのイタリアンスタイルクルージング

MSCクルーズ	t	🏛	👥	↕	↔	⛴
MSC Armonia MSCアルモニア	65,542	2,520	780	274.9	28.80	2004
MSC Bellissima MSCベリッシマ	171,598	5,655	1,595	315.83	43	2019
MSC Divina MSCディヴィーナ	139,072	4,345	1,388	333.3	37.92	2012
MSC Fantasia MSCファンタジア	137,936	4,363	1,370	333.3	37.92	2008
MSC Euribia MSCエウリビア	184,011	6,327	1,711	331	43	2023
MSC Grandiosa MSCグランディオーサ	181,541	6,334	1,704	331.43	43	2019
MSC Lirica MSCリリカ	65,591	2,548	752	274.9	28.80	2003
MSC Magnifica MSCマニフィカ	95,128	3,013	987	293.8	32.2	2010
MSC Meraviglia MSCメラビリア	171,598	5,642	1,608	315.83	43	2017
MSC Musica MSCムジカ	92,409	3,013	987	293.8	32.2	2006
MSC Opera MSCオペラ	65,591	2,579	721	274.9	28.80	2004
MSC Orchestra MSCオーケストラ	92,409	3,013	987	293.8	32.2	2007
MSC Seaside MSCシーサイド	153,516	5,079	1,413	323	41	2017
MSC Seashore MSCシーショア	169,400	5,632	1,648	339	41	2021
MSC Seaview MSCシービュー	160,000	5,079	1,413	323.36	41	2018
MSC Sinfonia MSCシンフォニア	65,542	2,546	721	274.9	28.80	2005
MSC Splendida MSCスプレンディダ	137,936	4,363	1,370	333.3	37.92	2009
MSC Poesia MSCポエジア	92,627	3,013	987	293.8	32.2	2008
MSC Preziosa MSCプレチオーサ	139,072	4,345	1,388	333.3	37.92	2013
Explora I エクスプローラーI	63,900	—	—	248	32	2023

MSCクルーズジャパン
TEL. 03-5405-9211
http://www.msccruises.jp

Oceania Cruises
ベルリッツクルーズガイドで5つ星、有名シェフが手がけるグルメも魅力

オーシャニアクルーズ	t	🏛	👥	↕	↔	⛴
Nautica ノーティカ	30,277	684	400	180.96	25.45	1998
Marina マリーナ	66,084	1,250	800	239.24	32.2	2011
Riviera リビエラ	66,084	1,250	800	239.24	32.2	2012
Regatta レガッタ	30,277	684	400	180.96	25.45	1998
Vista ビスタ	67,000	1,200	800	241	32	2023

オーシャニアクルーズ
TEL.03-4530-9884
https://jp.oceaniacruises.com

Paul Gauguin Cruises
タヒチの島々を巡るラグジュアリー客船

ポールゴーギャンクルーズ	t	🏛	👥	↕	↔	⛴
Paul Gauguin ポールゴーギャン	19,200	330	209	156	22	1998

ポールゴーギャンクルーズ
https://pgcruises.jp

Norwegian Cruise Line

楽しみ方自由自在の、
フリースタイルクルージング

ノルウェージャンクルーズライン
http://www.ncljpn.jp

ノルウェージャンクルーズライン	t	👥	🧑‍✈️	↕	↔	⚓
Norwegian Breakaway　ノルウェージャンブレイクアウェイ	144,017	4,000	1,753	324	39.7	2013
Norwegian Bliss　ノルウェージャンブリス	168,028	4,004	1,716	331.4	41.4	2018
Norwegian Dawn　ノルウェージャンドーン	92,250	2,224	1,126	294.1	32	2001
Norwegian Encore　ノルウェージャンアンコール	167,800	3,998	1,735	333	41.4	2019
Norwegian Epic　ノルウェージャンエピック	155,873	4,100	1,753	329	40.5	2010
Norwegian Getaway　ノルウェージャンゲッタウェイ	146,600	4,000	1,753	324	39.7	2014
Norwegian Gem　ノルウェージャンジェム	93,530	2,394	1,101	294.1	32.2	2007
Norwegian Jade　ノルウェージャンジェイド	93,558	2,402	1,076	294.1	32.2	2008
Norwegian Jewel　ノルウェージャンジュエル	93,502	2,376	1,100	294.1	32.2	2005
Norwegian Pearl　ノルウェージャンパール	93,530	2,394	1,099	294	32.2	2006
Norwegian Prima　ノルウェージャンプリマ	143,535	3,099	1,506	294	41	2022
Norwegian Sky　ノルウェージャンスカイ	77,104	950	914	260	32.2	2002
Norwegian Star　ノルウェージャンスター	91,000	2,240	1,069	294.1	32	2002
Norwegian Sun　ノルウェージャンサン	78,309	1,936	916	260	32.2	2001
Pride of America　プライドオブアメリカ	80,439	2,138	1,000	280.4	32.1	2005

Ponant

美食が売りの、
ガストロノミーシップ

ポナン
http://www.ponant.jp

ポナン	t	👥	🧑‍✈️	↕	↔	⚓
L'austral　ロストラル	10,700	264	145	142	18	2011
Le Bellot　ルベロ	9,900	184	118	131	18	2020
Le Boreal　ルボレアル	10,700	264	145	142	18	2010
Le Bougainville　ルブーゲンビル	9,900	184	118	131	18	2019
Le Champlain　ルシャンプラン	9,900	184	118	131	18	2018
Le Commandant Charcot　ルコマンダンシャルコー	30,000	245	215	150	28	2021
Le Dumont d'Urville　ルデュモンデュビル	9,900	184	118	131	18	2019
Le Jacques Cartier　ルジャックカルティエ	9,900	184	118	131	18	2020
Le Laperouse　ルラペルーズ	9,900	184	118	131	18	2018
Le Lyrial　ルリリアル	10,700	244	145	142	18	2015
Le Ponant　ルポナン	1,443	32	33	88	12	1991
Le Soleal　ルソレアル	10,700	264	145	142	18	2013

Princess Cruises

個人の好みに合わせた、
パーソナルチョイスクルージング

プリンセスクルーズ ジャパンオフィス
http://www.princesscruises.jp

プリンセスクルーズ	t	👥	🧑‍✈️	↕	↔	⚓
Island Princess　アイランドプリンセス	92,000	1,970	900	290	32	2003
Caribbean Princess　カリビアンプリンセス	116,000	3,100	1,100	290	36	2004
Coral Princess　コーラルプリンセス	92,000	1,970	900	290	32	2002
Crown Princess　クラウンプリンセス	116,000	3,070	1,100	290	36	2006
Dawn Princess　ドーンプリンセス	77,000	1,950	900	261	32	1997
Diamond Princess　ダイヤモンドプリンセス	116,000	2,670	1,238	290	37.5	2004
Enchanted Princess　エンチャンテッドプリンセス	145,000	3,660	1,346	330	38.4	2021
Emerald Princess　エメラルドプリンセス	113,000	3,070	1,100	290	36	2007
Discovery Princess　ディスカバリープリンセス	145,000	3,660	1,346	330	38.4	2022
Golden Princess　ゴールデンプリンセス	109,000	2,600	1,100	290	36	2001
Grand Princess　グランドプリンセス	109,000	2,600	1,100	290	36	1998
Majestic Princess　マジェスティックプリンセス	143,700	3,560	1,350	330	38.4	2017
Ocean Princess　オーシャンプリンセス	30,200	670	370	178	25	1999
Pacific Princess　パシフィックプリンセス	30,200	670	370	178	25	1999
Ruby Princess　ルビープリンセス	113,000	3,070	1,100	290	36	2008
Sapphire Princess　サファイアプリンセス	116,000	2,670	1,238	290	37.5	2004
Sky Princess　スカイプリンセス	144,650	3,660	1,346	330	38.4	2019
Sun Princess　サンプリンセス	175,500	4,300	—	345	—	2024
Regal Princess　リーガルプリンセス	141,000	3,600	1,346	330	47	2014
Royal Princess　ロイヤルプリンセス	141,000	3,600	1,346	330	47	2013

Regent Seven Seas Cruises

思うままにくつろげる、
洋上の我が家

リージェントセブンシーズクルーズ
https://jp.rssc.com

リージェントセブンシーズクルーズ	t	👥	🧑‍✈️	↕	↔	⚓
Seven Seas Explorer　セブンシーズエクスプローラー	56,000	542	748	224	31	2016
Seven Seas Mariner　セブンシーズマリナー	48,075	700	445	216	28.3	2001
Seven Seas Navigator　セブンシーズナビゲーター	28,550	490	345	172	24.7	1999
Seven Seas Splendor　セブンシーズスプレンダー	50,125	750	542	224	31	2020
Seven Seas Voyager　セブンシーズボイジャー	42,363	700	447	204	28.8	2003

SAGA Cruises

落ち着いた雰囲気の中楽しめる、
ブリティッシュスタイルクルーズ

マーキュリートラベル
TEL. 045-664-4268
http://www.mercury-travel/saga

サガクルーズ	t	👥	🧑‍✈️	↕	↔	⚓
Saga Sapphire　サガサファイア	33,701	1,158	406	199	28.6	1982
Spirit of Discovery　スピリットオブディスカバリー	58,250	999	517	236	31.21	2019

t…トン(t)　👥…乗客定員(人)　🧑‍✈️…乗組員数(人)　↕…全長(m)　↔…全幅(m)　⚓…就航・改装(年)

Royal Caribbean International

世界最大の客船も有する、
バラエティ豊かなラインアップ

ミキ・ツーリスト
http://www.royalcaribbean.jp

ロイヤルカリビアンインターナショナル	t	🛏	👥	↕	↔	⛴
Adventure of the Seas アドベンチャーオブザシーズ	137,276	3,114	1,185	310	48	2001
Anthem of the Seas アンセムオブザシーズ	167,800	4,180	1,500	348	41	2015
Allure of the Seas アリュールオブザシーズ	225,282	5,400	2,384	361	66	2010
Brilliance of the Seas ブリリアンスオブザシーズ	90,090	2,112	848	293	32	2002
Explorer of the Seas エクスプローラーオブザシーズ	137,308	3,114	1,185	310	48	2000
Freedom of the Seas フリーダムオブザシーズ	154,407	3,634	1,360	338	56	2006
Harmony of the seas ハーモニーオブザシーズ	227,000	5,400	2,165	361	63	2016
Icon of the Seas アイコンオブザシーズ	250,800	7,600	2,350	365	64.9	2024
Independence of the Seas インディペンデンスオブザシーズ	154,407	3,634	1,360	338	56	2006
Jewel of the Seas ジュエルオブザシーズ	90,090	2,112	859	293	32	2004
Liberty of the Seas リバティオブザシーズ	154,407	3,634	1,360	338	56	2007
Mariner of the Seas マリナーオブザシーズ	138,279	3,114	1,185	310	48	2003
Navigator of the Seas ナビゲーターオブザシーズ	138,279	3,114	1,213	310	48	2002
Oasis of the Seas オアシスオブザシーズ	225,282	5,400	2,384	361	66	2009
Odyssey of the Seas オデッセイオブザシーズ	167,704	4,198	1,550	346	41	2021
Ovation of the Seas オベーションオブザシーズ	167,800	4,180	1,500	348	41	2016
Quantum of the Seas クァンタムオブザシーズ	167,800	4,180	1,500	348	41	2014
Radiance of the Seas レディアンスオブザシーズ	90,090	2,139	869	293	32	2001
Serenade of the Seas セレナーデオブザシーズ	90,090	2,110	891	294	32	2003
Spectrum of the Seas スペクトラムオブザシーズ	168,666	4,246	1,551	347	41	2019
Symphony of the Seas シンフォニーオブザシーズ	230,000	5,494	2,175	362	65	2018
Voyager of the Seas ボイジャーオブザシーズ	137,276	3,114	1,176	310	48	1999
Wonder of the Seas ワンダーオブザシーズ	236,857	5,734	2,300	362	64	2022

Seabourn Cruise Line

ヨットタイプのスモールシップで
楽しむ、最高峰のクルーズ

セブンシーズリレーションズ
TEL. 03-6869-7117
https://www.sevenseas-relations.
com

シーボーンクルーズライン	t	🛏	👥	↕	↔	⛴
Seabourn Encore シーボーンアンコール	40,350	600	400	210	28	2016
Seabourn Odyssey シーボーンオデッセイ	32,000	450	330	195	25.2	2009
Seabourn Pursuit シーボーンパシュート	23,000	264	120	172	24	2023
Seabourn Quest シーボーンクエスト	32,000	450	330	195	25.2	2011
Seabourn Sojourn シーボーンソジャーン	32,000	450	330	195	25.2	2010
Seabourn Ovation シーボーンオベーション	40,350	600	400	210	28	2019
Seabourn Venture シーボーンベンチャー	23,000	264	120	172	24	2022

Silversea Cruises

クルーズ界のロールスロイスとも
呼ばれる、ラグジュアリーシップ

シルバーシークルーズ
https://www.silversea.com

シルバーシークルーズ	t	🛏	👥	↕	↔	⛴
Silver Cloud シルバークラウド	16,800	296	222	156.7	21.5	1994
Silver Dawn シルバードーン	40,700	596	411	212.8	27	2021
Silver Discoverer シルバーディスカバラー	5,218	120	74	103	15.4	2014
Silver Endeavour シルバーエンデバー	20,449	200	200	164.40	28.35	2021
Silver Origin シルバーオリジン	5,800	100	90	101	16	2020
Silver Moon シルバームーン	40,700	596	411	212.8	27	2020
Silver Muse シルバーミューズ	40,700	596	411	212.8	27	2017
Silver Nova シルバーノヴァ	54,700	728	—	244	30	2023
Silver Shadow シルバーシャドー	28,258	382	302	186	24.9	2000
Silver Spirit シルバースピリット	36,000	540	376	198.5	26.2	2009
Silver Whisper シルバーウィスパー	28,258	382	302	186	24.9	2001
Silver Wind シルバーウインド	17,400	296	222	156.7	21.5	1995

Star Clippers

風と波を感じる帆船で、
魅惑の寄港地へ

オーシャンドリーム
TEL. 042-758-8444
https://starclippers.jp

スタークリッパーズ	t	🛏	👥	↕	↔	⛴
Royal Clipper ロイヤルクリッパー	4,425	227	106	134	16	2000
Star Clipper スタークリッパー	2,298	170	74	115.5	15	1992
Star Flyer スターフライヤー	2,298	170	74	115.5	15	1991

Viking Ocean Cruises

名門バイキング社を受け継ぐ
大人のためのクルーズライン

オーシャンドリーム
TEL. 042-758-8444
http://oceandream.co.jp

バイキングオーシャンクルーズ	t	🛏	👥	↕	↔	⛴
Viking Sea バイキングシー	47,800	930	550	230	28.8	2016
Viking Star バイキングスター	47,800	930	550	230	28.8	2015
Viking Sky バイキングスカイ	47,800	930	550	230	28.8	2017
Viking Sun バイキングサン	47,800	930	550	230	28.8	2017

Windstar Cruises

3隻のラグジュアリーな
帆船を有するクルーズライン

セブンシーズリレーションズ
TEL. 03-6869-7117
http://windstarcruises.jp

ウインドスタークルーズ	t	🛏	👥	↕	↔	⛴
Star Breeze スターブリーズ	12,995	312	190	159	19	2015
Star Legend スターレジェンド	12,995	312	190	159	19	2015
Star Pride スタープライド	12,995	312	190	159	19	2014
Wind Spirit ウインドスピリット	5,736	148	101	134	15.8	1988
Wind Star ウインドスター	5,707	148	101	134	15.8	1986
Wind Surf ウインドサーフ	14,745	342	210	187	20	1998

Final Edit

CRUISE Traveller

Staff

Publisher
Noriko Tomioka 富岡範子

Editor-in-Chief
Masatsugu Mogi 茂木政次

Associate Editor
Nami Shimazu 島津奈美

Editors
Taku Tanji 丹治たく
Chieko Chiba 千葉千枝子
Harumi Takaya 高谷治美
Mihoko Mogi 茂木美頌子

Art Director
Kenji Inukai 犬飼健二

Designers
Mayumi Takai 高井真由美
　　　　　　（犬飼デザインサイト）
Fukumi Ito 伊藤ふくみ
　　　　　　（犬飼デザインサイト）
Hiroyuki Hitomi 人見祐之
　　　　　　（PDSTUDIO）

Senior Correspondents
Hisashi Noma 野間恒

Contributing Editor
Yoshihito Hongo 本郷芳人
　　　　　　（rui+tonami）

Printing Manager
Keisuke Igari 猪狩恵介

CRUISE Traveller
クルーズトラベラー Summer 2024
MSCクルーズ、大いなる挑戦。
2024年6月30日初版発行

Published by
発行
クルーズトラベラーカンパニー株式会社
〒104-0061
東京都中央区銀座6-14-8
銀座石井ビル4F
TEL 03-6869-3990

Distribution by
発売
丸善出版株式会社
〒101-0051
東京都千代田区神田神保町2-17
神田神保町ビル6F
電話 03-3512-3256

Printed by
印刷·製本
三共グラフィック株式会社

定期購読に関するお問い合わせ
TEL 0120-924-962
（土日祝を除く平日10〜15時）

ISBN 978-4-908514-36-4　C0026
Printed in Japan

船内ではショップも変革のとき

text & photo by Masatsugu Mogi

エクスプローラIのブティックエリア。船上初となるロレックスブティックをはじめ、世界のハイブランドが揃うエリアだ。その並びにあるブティックも注目だ。洋上で映える帽子やファッション小物を取り揃えたショップが気になる。レザー、シルク、コットンと素材ごとに世界の名産地にオーダーしたオリジナル商品が揃う、いわば船上のセレクトショップだ。さりげなくエクスプローラジャーニーのロゴがあしらわれたスペイン産のレザーを使った紺色のシガーケースに目が留まった。帰国後、このケースにふれる度に、優雅な時間が思い出され、また、近いうちにエクスプローラIに戻りたくなるほど、このシガーケースは優秀なセールスマンとしての役割も果たす。ファンの心をつなぎとめるオリジナルプロダクツが今後、ますます船上に取り揃えられるのでは？そんなトレンドの予感がした。

CRUISE Traveller ONLINE
www.cruisetraveller.jp
CRUISE Traveller公式サイトでは
今号の取材模様を公開しています。